Psicologia para Coaches

Conceitos básicos para seu atendimento

Viviane Nishiura

A todos os colegas que

dedicam suas carreiras

a ajudar outras pessoas.

Introdução

Quando fiz minhas formações em coaching, conheci muitas pessoas que não vinham da área de humanas, e que estavam em contato, pela primeira vez na vida, com conceitos de psicologia. A maioria delas, pra dizer a verdade.

Conceitos que, para um psicólogo, são básicos, como, por exemplo, não impor suas opiniões e pontos de vista ao coachee, compreender que cada pessoa tem seu próprio entendimento das situações, e que o óbvio não existe, eram totalmente novos para estes profissionais.

Lembro bem que houve grande surpresa por parte deles ao entenderem que o coaching não era exatamente um conhecimento ou habilidade que eles iriam adquirir para transmitir a seus clientes, e sim um processo que faria seus clientes descobrirem seus melhores caminhos. Muitos participantes mostraram-se decepcionados no início. Acredito que buscavam um curso com conceitos fechados, impostos, como aos que estamos acostumados na maioria dos cursos e treinamentos. Algo concreto que eles aprendessem e fossem capazes de repassar a clientes e equipe.

Na verdade, o que senti é que eles queriam um conhecimento em como gerenciar pessoas de forma mais eficaz, fossem elas clientes ou funcionários. Esperavam algo que trouxesse uma transformação nos relacionamentos.

Mas passada a decepção inicial, ficaram maravilhados com a possibilidade do "depende". Porque tanto no coaching quanto na psicologia, todo o trabalho depende do cliente. Depende de seus objetivos, de sua disposição em melhorar, de seus valores e conceitos anteriores sobre cada situação, de sua história pessoal, ou seja, de tudo o que compõe seu comportamento atual, que ele deseja mudar.

Ao perceberem isso, estes participantes tiveram, pela primeira vez, contato com um trabalho de desenvolvimento humano, e entenderam que isso deve ser feito de forma customizada. Por mais que hajam diversas ferramentas e treinos de escuta, é o coach quem decide como e quando utiliza-las, dependendo do caso, do momento, do cliente.

Minha intenção ao escrever sobre psicologia para coaches é exatamente essa. Dar ferramentas, conceitos e conhecimentos da minha área para enriquecer seu atendimento com o cliente, seja ele particular ou de empresa, seja para life ou executive coaching.

Você não precisa fazer os cinco anos de psicologia para poder atender de forma eficiente, e se for procurar cursos soltos de psicologia, será difícil encontrar algum que realmente sirva para este tipo de trabalho, já que todos são feitos para profissionais da área e a maioria usa os termos incomuns próprios para quem já é psicólogo.

Com a prática de coaching, consegui sintetizar o que é mais importante e necessário, que partes da psicologia são realmente usadas ou relevantes de se saber nas sessões, e para que você tenha uma compreensão melhor do seu cliente.

Capítulo I: Você não é seu Coachee

Antes de mais nada, precisamos entender que as pessoas não são iguais. Literalmente, é um conceito fácil, sabemos que somos diferentes. Mas nos relacionamentos, sejam profissionais, pessoais, familiares, tendemos a esperar que as pessoas se comportem como nós mesmos.

Isso é fácil de ser comprovado com as decepções. Ficar decepcionado significa não ter suas expectativas atendidas por alguém que esperávamos que tivesse atitudes diferentes. Expectativas de atitude que nós mesmos projetamos naquela pessoa.

As bases de desentendimentos e decepções está em acreditarmos que as pessoas são iguais. Iguais a nós. Como elas podem agir desta maneira, como podem pensar assim? Não entendemos quando as diferenças aparecem.

A primeira coisa que aprendemos num curso de psicologia é isso. Separar o que é nosso do que é do cliente.

Em psicologia, especificamente, aprendemos a ter atenção e não misturar nossa história, nossos medos e sentimentos com as do paciente. Se ele sofre com algo relacionado aos pais, é muito difícil ouvi-los e não pensar na nossa própria experiência com nossos pais, pois ela é uma referência que temos. Somos filhos somente dos nossos pais, ou de quem tivemos como figuras paternas. E essas figuras são diferentes das figuras que o paciente teve. Por isso, o exercício de pensar no problema do paciente sem usar nossas próprias referências é o básico para podermos atendê-los.

Se o paciente sofre com uma perda de alguém que já perdemos, é a mesma coisa. Se ele sofre uma perda que não tivemos, também. Se colocar no lugar dele vai te fazer entrar na história dele com seus conceitos, sentimentos e experiências, e não com os dele. E não é incomum o risco que o psicólogo corre de misturar as coisas, e passar a sofrer junto com o paciente. Se isso acontece, ele não pode mais ajuda-lo.

Então, o que seria o ideal?

O ideal é saber que vocês são pessoas diferentes. Então, entender o funcionamento mental deste paciente. E aí colocar-se no lugar dele, com a estrutura mental que ele tem, e não com a sua. Com os conceitos de vida que ele tem, e não você. Com a história dele, e não com a sua. Chegando neste ponto, você será capaz de entender a dor do ponto de vista dele, e a partir daí, ter clareza dos pontos que precisam ser abordados para que ele se livre da dor.

Por exemplo, uma paciente te conta que é explorada pelos filhos adultos, financeiramente. Para você, fica claro que eles estão mesmo encostados nela e não se desenvolvem profissionalmente por que ela paga as contas. Como você é uma pessoa independente há muito tempo e acha isso um absurdo, seu primeiro impulso é falar para a paciente o que qualquer vizinha, amiga ou parente fala: pare de pagar as coisas para eles e eles vão se virar. Fácil, não? Pois é, mas se ela conseguisse fazer isso, não precisaria de tratamento. Se este é o único conselho que passa por sua cabeça, porque para você ela é submissa e se deixa explorar pelos filhos, você não vai conseguir ajuda-la. Quando ela começar a explicar porquê não consegue dar um basta na situação, você não estará aberto a ouvi-la. Você vai dizer que entende, mas que ela tem que agir, sem sequer estar ouvindo direito o que ela está dizendo. Mas se você tiver a escuta aberta e conhecimento em psicologia, você poderá entender os motivos que ela tem para sustentar todo mundo, e para não conseguir parar com isso. Compreendendo a estrutura mental dela, como ela funciona diante destas situações, você poderá pegar pontos importantes que levam-na a agir de determinada forma, e trabalhar estes pontos com ela. Assim, ela mesma chegará à conclusão de que deve parar de pagar as contas dos filhos. Todo comportamento corresponde a uma raiz mais profunda, responsável por traze-los à tona. Seja benéfico ou não, o comportamento é um reflexo da forma de lidar com conteúdos internos. Pensar apenas nele, superficialmente, vai tornar muito difícil ajudar efetivamente uma pessoa. Uma compreensão mais abrangente de onde vêm estes conteúdos vai abrir possibilidades para que você entenda onde e como pode mexer.

A intenção é que você mostre a seu paciente porque dói onde dói, trabalhe estas questões com ele, para que ele mesmo encontre a solução.

Você não dá a solução, muito menos conselhos. Você mostra fatos dele mesmo, e ele decide.

Se esta mulher do exemplo seguisse seu primeiro conselho, sem tratamento, e simplesmente parasse de pagar as contas dos filhos, ela poderia ter uma infinidade de problemas internos, com ela mesma, por causa disso, como uma depressão, por exemplo. E talvez, ao invés de ter uma paciente com um conflito familiar, que seria bem mais fácil e menos sofrido de trabalhar, você teria uma depressiva, talvez até precisando de remédios.

Por isso, precisamos ter muito cuidado com o "senso comum", ou como nós mesmos enxergamos as situações dos outros de forma simplificada. A solução geralmente é simples. Mas ela não é tomada por motivos mais complicados. O papel do psicólogo é desatar estes nós complicados para que o próprio paciente puxe a linha depois. Do jeito dele, da forma que ele é capaz de fazer. A questão é que em uma terapia não temos limitação de tempo, quantidade certa de sessões, e é possível ter paciência e ir devagar nestes conteúdos.

No caso do coaching, as coisas não podem ser tão profundas. Mesmo quando se é um psicólogo coach, o processo é diferente, mais dinâmico e não há tempo para trabalhar estes "nós", estas questões.

O que o coach vai fazer é contornar a situação para que o coachee chegue em seu objetivo final.

Usando o mesmo exemplo, sua coachee quer investir em um negócio, mas tem medo de não conseguir pagar por ele, pois tem que sustentar dois filhos adultos que não trabalham. Seu papel não vai ser o de compreender as razões internas psicológicas pelas quais ela não consegue deixar de sustentar os filhos, e trabalhar ponto a ponto até que ela consiga fazer isso. Seu papel será apontar para ela que ela tem questões internas a serem trabalhadas, e até indicar uma terapia pode ser uma opção para uma melhora. Mas, principalmente, sua função será levar o coaching de forma que ela possa contornar a situação para conseguir investir. Então, suas perguntas e direcionamentos para ela serão:

- Se você não consegue deixar de pagar as contas, quanto sobra para investir?
- O negócio que você quer comprar, você pretende trabalhar nele?
- Existe algum tipo de ajuda ou trabalho que seus filhos possam fazer neste negócio?
- Existe alguma economia em casa que possa ser feita para sobrar mais dinheiro?
- Qual valor te deixa confortável para investir mensalmente, com a situação de hoje?

Você vai contornando a situação, puxando dela possibilidades de fazer o que ela quer sem ter que mexer no problema que mais dói, que não é a demanda dela com seu trabalho, mas com os filhos. O que importaria neste exemplo é que ela conseguisse ter pequenas atitudes e decisões que a fizessem sair da inatividade em direção ao objetivo final. Estas atitudes teriam consequências internas (e externas também) que causariam mudanças na raiz do problema, podendo trazer mais um conjunto de outras atitudes e decisões que resolvessem o problema com os filhos. Não é incomum que o coaching consiga acessar estas raízes, mas seu foco de trabalho não pode ser este.

Seria diferente se ela te procurasse com o objetivo de deixar de sustentar os filhos. Um coach pode pegar um caso assim?

Acredito que sim, desde que ele tenha sensibilidade o suficiente para identificar a importância de cada ponto. Existem pontos que a impedem de mandar o filhos se sustentarem, que podem ser trabalhados no coaching. Existem outros que não, que precisarão de uma psicoterapia.

Ter esta noção de até onde você pode ir é que muda tudo e traz o sucesso e resultados esperados. Mesmo que você seja um coach psicólogo e tenha condições de tratar todos estes pontos, seu papel é de coach. Resista à tentação, porque em 10 ou 12 sessões, tem feridas que não terão tempo de ser fechadas. Não se pode abrir um buraco pra arrumar uma coisa, e não ter tempo de fechá-lo depois. Ou você, a partir desta queixa, se torna terapeuta dela e não coach, ou nem começa a mexer nisso.

Se você não for psicólogo, aborde o assunto de forma comportamental, contornando a raiz do problema.

Como identificar os pontos em que eu posso ou não mexer?

Geralmente, quando o cliente trava mais de uma vez na mesma questão e você nota que há muita angústia para realizar uma tarefa ou tomar uma decisão, você está lidando com um ponto importante, sensível e enraizado.

Travar devido a fatores comportamentais, ficar nervoso, inseguro, querer desistir, é normal e mostra que seu coachee está querendo crescer e está disposto a sofrer pra isso. Mostra também que você está acessando pontos chave nele, e isso é bom.

Mas se ele passa mal, tem sintomas físicos, insônia, chora ou se nega terminantemente a fazer o que ele mesmo sabe que precisa, pode haver um conteúdo mais complicado aí. Como coach, você pode tentar explorar usando suposições, fazendo o cliente se imaginar fazendo o que ele precisa. Você pode trabalhar com ele o pior cenário vindo daquela ação, tudo no campo imaginário para ele ter uma visão geral antes de acontecer. Você pode até convencê-lo a tentar, ou a realizar uma tarefa menor, mas similar à conflitante. São todos exercícios válidos na prática de coaching, e, muitas vezes, funcionam.

Mas, se ele ainda continuar mostrando muita dificuldade e sofrimento, pode parar de mexer com o assunto. Explique a ele que deve haver uma questão para resolver em relação a isso e indique que ele procure um psicólogo, porque deve ser algo que vai demorar mais de 10 sessões para se resolver. Deixe claro que não é um diagnóstico, nem que o problema dele é insolúvel, mas que no coaching não dará tempo e nem é o foco fazer isso. Contorne o problema com ele de forma que aquele impedimento fique menor no alcance do objetivo principal, e siga em frente. Não fique parado com ele naquele ponto.

Capítulo II: Uma tarefa menor (não chute a pessoa para fora da zona de conforto)

Coaching, como diz o próprio significado da palavra, é treino. Ninguém que quer aprender a correr sai fazendo uma maratona. Existe toda uma preparação e treinamento, que começam com corridas pequenas, técnicas, até que se consiga resistência para uma maratona.

Para o coaching, funciona da mesma forma. É preciso treinar antes do campeonato, ou seja, colocar o coachee frente a situações similares antes do evento real.

Atendi uma cliente que estava sendo preparada para a sucessão na empresa dos pais. Uma das questões dela era que ela não sabia mandar. Dizia que não se sentia confortável em dar ordens e não sabia como faria para assumir uma empresa cheia de gerentes mais experientes do que ela. Os gerentes eram a maratona. Não dá pra querer que a pessoa sente ali no dia seguinte e saia dando ordens, mesmo que os gerentes a respeitem, nem que seja pela hereditariedade.

Esta cliente tinha uma empregada doméstica, com quem ela não conseguia definir um horário certo de trabalho. Verificamos quais as necessidades dela em relação a esta empregada e ela definiu que horários seriam realmente úteis para o cotidiano dela. Seu primeiro treino em liderança foi conversar com a empregada e determinar um horário. Não sem resistência, ela conseguiu e, depois da conversa, até achou que foi relativamente simples.

Depois, passamos para o cachorro. Sim, liderar um cão é uma tarefa complicada para muitas pessoas. O segredo para fazer um animal doméstico te obedecer é o mesmo para fazer uma criança pequena te atender. Como a comunicação é não verbal, eles possuem um instinto muito aguçado para perceber inseguranças e medos, assim como saber o timing certo para agradar, quebrando a coragem da pessoa que vai dar a bronca. As ordens precisam ter um tom de voz firme, mas sem gritos, um olhar direto, mas, acima de tudo, precisam transmitir segurança e certeza. E transmitir isso é o mais difícil. Porque a gente só transmite não verbalmente aquilo que sente de verdade. Se temos palavras para ajudar, fica mais fácil disfarçar as inseguranças. Mas quando não temos, quando o ser treinado não fala, contamos apenas com nossa postura.

O treinamento dela foi, antes de educar o cão de qualquer forma, para que ela sentisse que ele iria obedecer, para que gerasse a certeza que ela era a dona, ela era quem mandava ali. Depois de algumas tentativas, ela acabou "treinando-se" para gerar este sentimento dentro dela. E conseguiu corrigir algumas coisas no cachorrinho.

Por último, passamos para a filha. A filha de 7 anos ainda domina o não verbal e já domina o verbal. Então, misturamos a autoconfiança dela e a conversa com a criança. Filhos não são processos rápidos, e têm a maior das importâncias, por isso, acabam sendo o maior desafio. Se você lidera seu filho, lidera qualquer pessoa, porque demanda esforço, autoconhecimento, segurança e auto disciplina para não se deixar levar pela emoção. Ela levou algumas semanas, mas conseguiu estabelecer alguns limites com a filha. Esta cliente foi excepcionalmente aplicada para envolver tantos elementos da vida no treinamento.

Quando fizemos a inserção dela na empresa, que foi aos poucos para que ela aprendesse também sobre o negócio em si, ela já chegou confiante e treinada. Depois fomos só aparando arestas relacionadas à liderança efetiva e à necessidade de buscar conteúdo técnico.

Ou seja, este passo a passo para liderança, que funciona com a grande maioria dos meus clientes, é um treino a partir de uma tarefa menor. A mesma coisa funciona para falar em público, lidar com finanças, começar um negócio.

Quando sugerimos ao coachee uma tarefa pequena inicial, pouco comprometedora de sua imagem e de resultados, ele se sente mais confortável para começar.

E vamos inserindo aos poucos outros desafios em escalas maiores até que ele possa chegar onde quer.

Todos falam que precisamos sair da "zona de conforto" e isso não está errado. Mas existe um treinamento para isso, um processo gradual. Se não, a pessoa desiste. Por isso, a maioria desiste, inclusive. Empurrar seu coachee para encarar desafios grandes para ele, sem preparação, vai leva-lo à desistência, e seu coaching, ao fracasso.

Capítulo III: O óbvio (quase) não existe

Esta frase é uma das mais importantes para um profissional que trabalha com gente. Ou seja, quase todo mundo.

Com exceção de conceitos primordiais arquetípicos e dos platônicos bom, belo e justo, todo o resto necessita de interpretação. Então, deixando a filosofia de lado e olhando para o coaching:

Quando alguma coisa dá errado por causa de alguém, temos a tentação de pensar e dizer: "mas como assim, isso é óbvio!".

Mas não é. A maioria das nossas ações cotidianas vem do hábito, não do óbvio. Fazemos uma confusão entre esses dois aspectos. Por isso, muitas vezes temos a sensação de que estamos falando em outra língua com as pessoas.

Se você tem o hábito de fumar e o hábito de não querer incomodar as pessoas com isso, você provavelmente vai fumar em um ambiente aberto e o mais longe dos outros que conseguir. É automático para você, é um hábito. Então você vê um outro fumante dentro do ambiente fechado, com muitas pessoas em volta. Para você, é óbvio que ele está incomodando. Porque você tem hábitos vinculados. Mas ele, não. E isso não necessariamente quer dizer que ele não se importa com os outros.

Também precisamos pensar no lado simbólico. Para você, a função mais importante da cadeira é servir de assento. Certo? Não sei. Se você for um decorador, no momento da decoração, a função mais importante da cadeira é compor um ambiente e decorá-lo. Um novo chefe pode mandar trocar a cadeira do chefe anterior por uma com o encosto mais alto, porque a função assento, para a qual serviria a cadeira velha, não é a mais importante, e sim provar que agora é ele quem manda.

Podemos pensar também que as pessoas não entendem "naturalmente" as coisas, sem que sejam explicadas.

Se você deixar dois relatórios parecidos na minha mesa, eu não vou adivinhar que é para conferir um com o outro, a menos que você deixe um bilhete ou que eu já tenha feito isso antes.

O fato do dono da empresa ter dois filhos que trabalham com ele não quer dizer automaticamente, ou obviamente, que ele vá deixar a direção da empresa com estes filhos quando se aposentar.

E se você já trabalhou como funcionário em uma empresa, por alguns anos, vai entender se eu disser que não é óbvio que uma pessoa só troca de emprego se for para ganhar mais.

Se você está desempregado, sua esposa não é obrigada a adivinhar que ela tem que te oferecer um dinheiro de vez em quando, se você não pedir.

Eu poderia dar um milhão de exemplos de todos os tipos de coisas que parecem óbvias, mas não são. Você mesmo, lendo esses exemplos, deve ter achado alguns bem óbvios e outros, não.

A maioria do que é para você, não necessariamente é para mim. E essa premissa é essencial para um coach (e mais um zilhão de profissionais).

Pensar que quase nada é óbvio vai te ajudar:

- a entender e aceitar os objetivos do seu coachee, que podem nada ter a ver com os seus ou com os das pessoas que você conhece ou atende;
- a escolher as direções que você vai dar no processo de coaching;
- a explicar mais claramente o que você espera de seu coachee em determinadas tarefas e num desempenho geral;
- a definir com ele com muito mais clareza quais os objetivos dele com o trabalho, refazendo perguntas para poder entregar o que ele deseja.
Tenha certeza de que seu cliente está entendendo o que você está falando. E explique sempre o melhor que puder.

Capítulo IV: Todo mundo odeia o Coaching?

Já ouvi muitas pessoas "desprezando" a profissão de coach. Alguns acham ridículo, outros acham uma invasão vazia de mercado, e outros não podem nem ouvir falar o nome. Muitos profissionais, como eu mesma em certo período, tiraram o nome "coach" de seus cartões, sites e redes sociais, porque estava dificultando que o mercado em geral os levassem a sério. Mas por que isso aconteceu?

1.   Porque profissionais que eram totalmente crus em desenvolvimento humano começaram a atender pessoas tendo somente o aprendizado básico dado no curso de coaching. Sem estudar ou se aprofundar em outros aspectos, os atendimentos eram totalmente engessados, seguindo um passo a passo que não pode existir, e irritando o cliente com perguntas que não poderiam ser feitas naquele momento. Pegaram uma receita de coaching e usaram como se fizessem um bolo, deixando aqueles questionários em ordem de uso, e fazendo as perguntas para preencher aqueles materiais. Tive vários clientes de coaching que passaram por isso com outros profissionais, dizendo que muitas vezes ficavam irritados (irritação mesmo, e não catarse, como veremos mais pra frente) e que o coach sequer deixava que eles falassem sobre o que precisavam, interrompendo-os para a próxima pergunta. Alguns queixaram-se do método (mal aplicado), dizendo que o coach era bom, mas atendia de

forma mecânica, muito mais preocupado em preencher as tais ferramentas, apesar de ter empatia e ser cuidadoso. Eles acabaram desacreditando do método, e só vieram me procurar por extrema necessidade de carreira. Vinham para uma consultoria de carreira, não queriam coaching de jeito nenhum. Eu tinha, então, todo um trabalho de reeducação para explicar como funciona o coaching de verdade.

2.	Porque a palavra coach entrou na moda e profissionais de diversas áreas que ofereciam qualquer serviço de treinamento ou transmissão de conhecimento, começaram e intitular-se coaches sem nem sequer fazer a formação, ou saber exatamente do que se tratava. Vi pessoas de finanças, educação física, nutricionistas, tarólogas, estilistas de moda, e muitos outros profissionais usarem este termo. Nada contra estas profissões, muito pelo contrário, usufruo de todas elas. Mas usar o termo da moda criou este problema de gerar descrença. Lembro quando começou o uso da palavra "personal", que foi pra um monte de áreas, e hoje é predominantemente usado na educação física mesmo. Acredito que acontecerá a mesma coisa com o "coach". Vai dar a volta em um monte de especialidades e voltar a ser o que era pra ser.

3.	Porque muitos profissionais começaram a misturar treinamentos motivacionais com a palavra coaching e houve uma explosão de cursos e eventos de imersão levando este nome. Um treinamento motivacional tem outro objetivo, ele quer provocar reações a qualquer custo e gerar uma animação forçada, que acaba virando real, pelo menos temporariamente. Quando um participante procurando coaching percebia do que se tratava, sentia-se lesado. Nem todo mundo é suscetível aos apelos motivacionais tradicionais da forma que são realizados nesses cursos. Existem pessoas que ficam incomodadas ou sentem-se ridicularizadas, e, ao final do evento, ficam com a impressão de que foram enganadas. E estendem esta má impressão a todos os coaches também.

4.   Porque muitos profissionais inundaram as redes com mensagens de positivismo, com palavras-chave do otimismo, com cursos e imersões, prometendo solução (irreal, é claro) para problemas de dinheiro e relacionamento, e dizendo que vão desvendar o sentido da vida. Não digo que é totalmente inútil, mas é um tipo de curso ou abordagem que faz promessas falsas. Ninguém pode garantir o sucesso de um trabalho com pessoas, porque cada uma tem seu momento ideal para desenvolvimento. Se você está no momento ideal e faz um treinamento desses, pode haver algum efeito. Mas quase ninguém sabe seu momento ideal, e para o "coach" que está vendendo o produto, isso nem importa, ou ele sequer sabe que isso existe. Ela vai dar um conteúdo positivista, que não fará mal algum, e cada um que lide com o que achou do curso, comparado ao que gastou. Além da maioria dos participantes se sentir enganado (como os motivacionais acima), a enxurrada de ofertas de como ficar milionário e como achar o sentido da vida, vai cansando o consumidor. E ele transfere esta antipatia para todos os profissionais.

Ou seja, ainda enfrentamos o desafio de tirar esta imagem errada sobre coaching que acabou sendo gerada pelo mercado.

Mas trata-se de uma onda, uma moda mesmo. O tempo já está peneirando os profissionais e cursos. O coaching é um método muito eficaz que vai conseguindo cada vez mais solidez no mercado, e quem realmente for dedicado a isso vai sobreviver nele.

Capítulo V: Teste de perfis psicológicos e comportamentais

Existem centenas de testes psicológicos que medem os mais diversos aspectos humanos, como personalidade, inteligência, atenção, etc. A maioria deles é restrita a psicólogos, ou seja, somente psicólogos registrados em seu Conselho Regional têm autorização legal para comprar, aplicar, mensurar e dar a devolutiva de resultados, ou o laudo.

No mercado, porém, existem diversos testes de medição de perfil comportamental não regulados pelo Conselho de Psicologia. O mais famoso deles é o DISC, e dependendo de onde você fez sua formação de coaching, deve ter visto ou até feito uma formação de analista deste assessment. Outros testes, como o SOAR, por exemplo, são baseados na mesma teoria. Esses testes são de aplicação livre, qualquer profissional pode fazer, e emitem um relatório gerado em um software, sem necessidade de que você mesmo faça a mensuração de resultados. Não há regulamentação para a aplicação e emissão destes relatórios. Se você pagar pelo link, pode aplicar em seu cliente.

Na minha opinião, estes testes são bem completos no âmbito comportamental e oferecem informações muito próximas à realidade do cliente, possibilitando que, quando bem interpretado, você e seu coachee utilizem os dados de forma manipulativa em favor dos resultados que ele deseja. A diferença entre eles está no relatório. A Slac, onde fiz minha formação em coaching, oferece o

DISC para analistas formados lá, e eventualmente troca de fornecedor do teste. Isso muda o formato do relatório. Outros similares parecem não ter este problema, como "genéricos", eles parecem vir de um único fornecedor.

Você ainda pode optar por tamanhos de relatórios. Existem testes que fazem um preço mais baixo para relatórios mais básicos. Eu sugiro que você sempre compre o completo. Já que o cliente se dispôs a fazer, este evento deve ser aproveitado e você deve entregar toda a informação possível.

Porém, aconselho que, pelo menos no início da carreira, você trabalhe com um psicólogo quando for aplicar qualquer teste de comportamento, e que peça para o psicólogo dar a devolutiva, os resultados do teste ao seu cliente. Mesmo que você esteja aplicando o DISC ou outro teste de perfil não restrito a psicólogos, contratar um para falar com seu cliente vai dar mais credibilidade. Existem muitos coaches excelentes e experientes nestes testes que continuam chamando psicólogos para dar esta devolutiva, porque perceberam que as pessoas dão mais credibilidade aos resultados e valorizam mais o trabalho do coach, vendo que ele está usando essa ferramenta com responsabilidade e tem um background de profissionais em sua rede de trabalho.

Quando for fazer isso, você pode tranquilamente participar da sessão devolutiva. Assim, poderá ver como o profissional fala com seu cliente, a forma que expõe os pontos fortes e deficientes, e a explicação técnica. Isso será muito enriquecedor para você perceber a forma como se dirigir a seu cliente quando for falar de coisas desconfortáveis (o que acontece quase o tempo todo) e para entender melhor o perfil comportamental dele.

Nem todo psicólogo entende de DISC ou testes similares, eles não fazem parte da nossa formação. Por isso, procure um que também seja coach ou tenha feito a formação na ferramenta. Não tema em momento algum perder seu cliente para ele. Além de termos um código de ética muito rígido e regido por leis na nossa profissão, entendemos que nosso cliente é o coach, e queremos continuar prestando serviços para ele.

Na sessão de devolutiva, ou seja, de explicação sobre os resultados do teste ao seu cliente, se você fez a formação de analista DISC, sabe disso: não se discute planos, objetivos e tarefas. Não é uma sessão de coaching. Somente os aspectos do teste serão discutidos, e o psicólogo não deverá interferir em nada no seu atendimento ou no andamento do programa, até porque ele nem terá informações suficientes para isso. O trabalho dele será somente explicar os resultados.

Qual teste aplicar?

Existem muitos testes restritos, com sua aplicação permitida somente a psicólogos, como mencionei antes. Se você trabalhar com algum, pode discutir com ele as opções de aplicar outro teste em seu cliente, além do DISC, ou em substituição a ele. O custo disso vai depender do teste. Os psicólogos têm uma tabela de sugestão de preços para cada teste, emitida pelo Conselho, mas sempre cabe a ele decidir seguir a tabela ou não. O valor cobrado vai depender do tempo que o teste leva para ser mensurado e interpretado.

Existem testes que não emitem relatório pronto, o psicólogo escreve o relatório todo baseado nas respostas do teste. Por isso, quanto mais personalizado e demorado um relatório, mais caro. Porem, também há opções online com relatórios prontos. Da mesma forma do DISC, eles têm um custo por link do teste.

Essas escolhas vão depender de dois fatores principais:

1.   O que você precisa saber sobre seu cliente para fazer um trabalho eficiente.

2.   A distância física entre seu cliente e o psicólogo que você vai contratar.

Ao conversar com o psicólogo, você precisa dizer o que gostaria de mensurar e porquê. Assim, ele pode indicar o teste mais adequado para a situação. Uma vez definido, você deve explicar ao seu cliente como é o teste, o que ele vai mostrar, e como isso vai ajudar vocês a avançarem no processo. Geralmente, essa aplicação é cobrada à parte do processo de coaching, a menos que você já tenha certa noção de valores para embutir no preço total do programa.

A distância é importante porque alguns testes precisam ser realizados presencialmente. A maioria não, mas pode acontecer. Então, o psicólogo precisa saber se o cliente poderá comparecer, ou se tudo será feito online, para ajudar na escolha.

Eu aconselho que você defina a aplicação de um teste depois de duas ou três sessões com o cliente, para entender bem os objetivos dele e as razões pelas quais seria útil aplicar um teste.

É muito comum que, se mal contextualizado, o resultado do teste fique engavetado e o cliente nunca use essa ferramenta preciosa porque o coach não explicou a devida importância e aplicação prática desses resultados na vida do coachee.

Em empresas

Em casos de coaching executivo, porém, a aplicação do DISC, por exemplo, ocorre antes das sessões, com todos os executivos envolvidos. Isso porque, no caso de atendimento a empresas, os objetivos individuais devem ser alinhados aos objetivos da empresa. Então já há objetivos finais pré-definidos, que vão demandar os perfis comportamentais desejados.

Se você estiver fazendo coaching executivo, é de extrema importância explicar ao contratante, seja o dono, CEO, sócio ou RH da empresa, sobre o uso deste mapeamento comportamental da equipe de executivos. Quem não está acostumado a este tipo de ferramenta fica tendencioso a querer rotular cargos de acordo com o perfil, e achar que a pessoa que não tem aquele perfil exato do teste não serve para o cargo. Muitos aspectos devem ser levados em conta, e explicar que o teste é um apoio e não uma prova de corte, é fundamental.

Perfil Comportamental

O DISC, como sabemos, mede o perfil comportamental. Ele vai dizer as tendências de comportamento que vamos ter diante de diversas situações. Se o perfil predominante do seu cliente é o S, por exemplo, é esperado que ele tenda a ser mais humanizado, empático e harmonizador diante de situações de crise. O quanto ele vai tender a ser assim, vai depender do número de respostas que ele deu relacionadas a este perfil no teste, que é traduzido em um número no gráfico do relatório. E também vai depender das combinações dos outros perfis.

Mas o que este teste quer mesmo mostrar são as probabilidades de comportamento, e as situações em que pessoas com estes ímpetos comportamentais se saem melhor ou pior.

De maneira alguma é uma sentença ou uma certeza, mas apenas probabilidades.

A vantagem de ter seu coachee mapeado pelo DISC é que você consegue acessá-lo de forma mais fácil, a partir de seu perfil.

É preciso deixar claro que o DISC ou qualquer outro teste não aponta estilos bons ou ruins, todos os resultados têm qualidades e pontos deficientes. A eficácia de cada perfil depende de muitos fatores externos e internos. Por isso, não posso dizer que sempre que contratar um alto D terei resultados.

Vamos explicar as quatro dimensões.

D – Dominância
Este perfil costuma tomar a frente de situações, questionar regras dar muito resultado concreto. Pode ser centralizador e não gosta de ser enquadrado a padrões. Tem alta auto estima e geralmente acha que está certo. É ótimo para levar projetos para um objetivo e obter sucesso. Pode ser desorganizado e pouco concentrado em estudos e preparações. Somente é aplicado a um curso, por exemplo, se vislumbrar uma utilidade a médio prazo com retorno positivo.

I – Influência
O influente é eloquente, centro das atenções, ótimo em relacionamentos. É criativo, ativo e persuasivo. É aquela pessoa tão legal que você não consegue dizer não, e por ser divertida, quer sempre estar perto dela. Este perfil pode ser bastante disperso e não ter paciência para

aprendizados teóricos. Gosta de reconhecimento e precisa de liberdade para tomar atitudes.

S – Estabilidade

É previsível, paciente e tem alto senso de lealdade e justiça. Evita embates e quer ficar bem com todos. Nos relacionamentos, costuma ser indeciso em julgamentos e busca a harmonia. Gosta de teorias, é um especialista. Se aprofunda em áreas e temas, não gosta de generalizar. Detesta mudanças e, às vezes, pode ser submisso a situações com as quais não concorde.

C – Cautela

Gosta de estrutura e processo. É centralizador e detalhista. Ótimo estudante, consegue pensar de forma analítica e chegar ao centro do problema, não deixando outras informações atrapalharem. Sabe separar o que é importante. Geralmente gosta de trabalhar sozinho. É apegado a regras e adaptável a elas, podendo ser radical, e demora a tomar decisões ou fazer entregas rápidas de trabalhos porque gosta de cobrir todas as possibilidades e detalhes.

Os perfis D e C veem o ambiente como desfavorável, não confiam. Também não dão foco em pessoas e sentimentos, e sim em fatos. São questionadores, lógicos e céticos.

Os perfis I e S veem o ambiente como favorável, têm seu foco em pessoas. Gostam de envolvimento, são tolerantes, receptivos e agradáveis.

Os perfis D e I enxergam-se mais forte que o ambiente, com tendência a mudar regras de acordo com o que eles acham. São seguros, ousados e ágeis. Tomam a iniciativa, às vezes sem pensar muito.

Os perfis C e S enxergam-se mais fracos que o ambiente, portanto mais adaptáveis ao clima e às normas locais. São atenciosos, moderados e cuidadosos, e demandam mais tempo para reflexão antes de agir.

Perfil de Personalidade

Muitos testes psicológicos detectam a personalidade da pessoa. São testes com resultados mais completos, que vão mostrar, além da inclinação comportamental, aspectos mais profundos de conduta. Alguns, como o PMK (aquele que fazemos para tirar a CNH) aferem até o tônus muscular, o TAT avalia todas as relações com figuras familiares, sociais e internas, e o famoso Rorschach avalia inteligência, afetividade, possíveis traços de transtornos mentais, e talentos. Estes costumam ser testes mais caros, pois demandam mais estudo e tempo do psicólogo para desenvolver um laudo.
Existe um muito popular, principalmente entre os selecionadores: o Quati. Além de ter simples aplicação e interpretação (possui versão informatizada), também foi baseado na teoria de um psicanalista ícone, Carl Gustav Jung, de quem falaremos mais à frente.
Estes testes são de uso exclusivo de psicólogos com CRP ativo, regulado pelo Conselho. Então, você não pode aplicar se não for psicólogo. Se quiser trabalhar com estes testes, em especial o Quati, que eu recomendo muito, procure um psicólogo para fazê-lo. Ele tem uma

versão informatizada e, por emitir um relatório pronto e demandar pouco trabalho do psicólogo na interpretação do resultado do teste, não tem custo muito alto. Talvez saia mais em conta ou no mesmo preço do DISC, incluindo a sessão de devolutiva do psicólogo.

Você pode participar da devolutiva do Quati ou de qualquer teste regulado, entre o psicólogo e seu cliente? Não. É muito provável que o próprio psicólogo também não queira. Como trata-se de teste controlado, ele está sob o código de ética profissional, então não é permitido que não psicólogos tenham acesso a ele, além do próprio paciente. Diferentemente do DISC, que é um teste aberto a qualquer profissional, estes testes devem ser enquadrado nas leis do CFP (Conselho Federal de Psicologia).

Ou seja, você pode participar junto com o psicólogo da devolutiva, ou resultados, somente de testes não controlados pelo Conselho.

De que vai servir para você pedir a aplicação do Quati ou qualquer outro teste controlado?

Somente o paciente pode abrir seus resultados para outra pessoa que não seja uma psicóloga relacionada a seu tratamento (mesmo que este tratamento seja somente a aplicação e entrega do laudo do teste). Ele é o dono do laudo.

O que eu vejo acontecer nestes casos:

- O cliente entrega o laudo completo para o coach, sem restrição alguma.

- O cliente pede ao psicólogo para ajuda-lo a extrair do laudo as partes interessantes para o desenvolvimento do seu coaching (aspectos comportamentais), e entrega ao coach o relatório reduzido.

Em qualquer caso, as informações sempre serão de grande ajuda para seu trabalho com este cliente. Na maioria das vezes, os clientes costumam entregar o relatório completo, pois entendem que ele dará suporte às sessões.

Eu sugiro que você busque um pouco de informação sobre o teste aplicado. Mesmo que o laudo tenha uma linguagem popular, na maioria das vezes, pois ele é entregue ao cliente, é bom que você saiba um mínimo do que está sendo avaliado.

Vamos falar mais do Quati quando falarmos de Jung.

Outros testes

Como falei, existem centenas de testes disponíveis para aferição de quase qualquer aspecto humano. Muitos deles sem restrição, ou seja, de uso livre para não psicólogos.

A intenção aqui não é fazer uma lista deles, mas explicar as possibilidades e ganhos com o suporte destas ferramentas.

Na dúvida, pesquise com um psicólogo ou coach, ou em grupos destes profissionais. A cada dia surgem testes novos abertos a todo tipo de profissional, e é parte do seu trabalho como coach estar atento a estas novidades.

O que eu faço com o resultado?

Seja o teste que for, você deverá receber um laudo ou relatório. Eles vêm em linguagem acessível para o paciente ou cliente. Você deverá estudar os resultados. Quer seja você ou um psicólogo a dar a devolutiva, esta sessão é para explicar os resultados, apenas. Você, como coach, deve usar esses resultados durante as sessões seguintes.

Primeiro, ressalte os pontos principais do relatório que mais têm a ver com o objetivo final do cliente. Depois ressalte os pontos que mais podem atrapalhar no alcance deste objetivo. Mantenha estas anotações sempre ao seu lado nos atendimentos. Elas são muito úteis quando o cliente se dispõe a fazer uma tarefa que ele tem dificuldade, pois você pode verificar o quanto ele está empregando de energia, o quanto está fazendo algo que naturalmente não faria. A mesma coisa para momentos em que ele sente que não pode fazer algo, ou se ele sai fazendo tudo de uma vez e acaba se prejudicando. Ter estas anotações te ajudará a falar com ele de modo que ele ouça e te dará as dicas das melhores abordagens. E você também pode pontuar para ele que, de acordo com o teste, ele realmente mostra esta facilidade ou dificuldade, então vamos usar ou superar isso.

Acostume-se e acostume seu cliente a recorrer ao laudo sempre que precisar. Saber quais suas facilidades e dificuldades naturais, dar nome às coisas e ter um senso de organização sobre seu aspectos mentais, além de ser reconfortante, torna mais claro onde temos que mexer ou de que forma agir de um jeito um pouco mais planejado.

Por exemplo, falando do DISC. Eu sei que sou alto D e estou indo para uma reunião com diretores, numa situação em que especificamente eu devo me conter e ficar quieta. Eu já me conheço, sei que faço parte do grupo dos Dominantes, e que vou querer me intrometer. Sabendo disso, fica mais fácil eu encarar a reunião como um teste para autocontrole e modelagem do meu comportamento, e dominar meus impulsos de me impor ficará mais fácil. Ou, no mínimo, estarei consciente disso.

Capítulo VI: Psicoterapia e Coaching

Muita gente não entende direito o que o coaching faz, e costuma confundir com psicoterapia ou terapia breve. O formato de atendimento individual, e investigação de conteúdos para o autoconhecimento pode mesmo dar esta confusão.

Vamos definir então a psicoterapia e as diferenças com o coaching.

Psicoterapia

A terapia busca cura, seja de um trauma, seja a melhora de uma doença mental, ou seja de qualquer problema emocional que o paciente tenha. A forma de abordagem para conseguir este objetivo pode ser psicanalítica ou comportamental, em geral.

Uma psicoterapia é um processo que pode ser demorado e isso depende muito da queixa do paciente. Ela pode ser breve, de apoio, por exemplo, em casos de luto. E ela pode ser longa, durar muitos anos, no caso da psicanálise.

Em qualquer caso, a terapia ajuda o paciente a lidar com problemas de qualquer dimensão, e geralmente vão fundo em busca das causas dos problemas emocionais, investigando a história de vida do paciente. As intervenções do terapeuta, ou seja, as coisas que ele diz para que o paciente reflita, têm como intenção:

- mostrar ao paciente como ele é;
- fazê-lo pensar sobre a adequação de suas ações, sentimentos e pensamentos;

- fazê-lo perceber as situações de modo diferente, muitas vezes promovendo a cura em algum sentido.

Tudo isso é feito de forma muito estratégica e pensada. É comum que com pouco tempo de terapia, um profissional experiente já saiba do que se trata a dor do paciente. Mas ele precisa saber o momento, a forma e a intensidade certos para abordar isso. Ele precisa fazer o paciente trazer à tona, expressar na sessão, sentimentos e situações relacionadas à sua queixa, e precisa fazer com que ele mesmo veja como melhorar.

Nisso, a terapia se parece com o coaching. Não dizemos ao cliente o que ele tem que fazer, mesmo que haja uma grande chance do que pensamos ser realmente melhor para ele. Temos fazer o cliente perceber isso.

Por que o cliente ou paciente é quem precisa perceber? Por que nós não podemos falar?

1. Porque quando você percebe algo em si mesmo, há 90% de chances de que você faça mudanças efetivas em relação àquilo. Quando alguém aponta uma solução pronta para você, mesmo que ela seja boa e adequada, há somente 30% de chances de você coloca-la em prática.

2. Porque o terapeuta ou o coach podem estar errados. Não é raro que, com um pouco de experiência, achemos que sabemos do que o cliente precisa. Mas um pouco mais de experiência ainda vai te mostrar que você pode estar completamente enganado com suas impressões iniciais. Ou, que a solução que você imaginava pode não ser para agora. O perigo de trazer uma solução para o cliente é leva-lo a um caminho errado, ou não o melhor caminho no momento. Lembre-se de que você é uma

autoridade para ele, e ele poderá acatar, mesmo que aquilo não seja o que ele realmente precisa.

A terapia serve para que as pessoas lidem melhor com suas emoções e sentimentos, e a partir disso, construam relacionamentos melhores de todos os tipos. Algumas vezes, elas até os mudam durante o tratamento. Em decorrência disso, elas terão atitudes e iniciativas diferentes em suas vidas. O foco da terapia é mexer com o passado, com dores, e atuar neste nível emocional, amarrar toda a história do paciente e fazer com que ele tenha uma melhora nos aspectos principais da vida, principalmente nos relacionamentos.

O coaching não vai tão fundo, não vai trabalhar o passado. O passado é apenas um dado para o futuro. O coaching vai direto para as atitudes e iniciativas que podem ser feitas no presente. E vai contornar traumas ou problemas que impedem o cliente de progredir em alguma área.

Então, qual é melhor?

Se a pessoa tem dificuldades de relacionamento, tristeza, trauma, ou quer se conhecer a fundo, entender de onde vêm e porque surgem seus problemas, ela deve fazer uma psicoterapia.

Mas vamos supor que ela está com uma questão, que até pode ser uma dor emocional, mas mais ligada a motivos externos, como querer uma profissão diferente e estar frustrada, por exemplo. Como há algo muito objetivo e supondo que seja superficial em termos emocionais, ou seja, ela não muda de profissão por "desculpas" e condições externas, e não por traumas ou apegos profundos, a melhor indicação para ela seria o coaching.

Ele vai trabalhar o comportamento, vai colocar em prática planos e ações.

Planos e ações ocorrem na terapia como efeito colateral do bom andamento emocional do trabalho.

Uma melhora emocional ocorre no coaching como efeito colateral dos planos e ações que estão sendo colocados em prática.

Ou seja, um pode trazer o resultado do outro, mas como efeito colateral, e não como intenção principal.

Não é à toa que o coaching tem uma duração determinada entre 10 e 12 sessões. Isso norteia o cliente a buscar resultados também. Enquanto na terapia não há tempo limite, porque ele está mexendo com coisas profundas e cada um tem seu tempo para apresentar melhoras, no coaching é necessário ter este tempo limitado. Porque, geralmente, quem procura e precisa de coaching está se auto sabotando em alguma atividade, ou procrastinando uma meta que vem se tornando urgente. E vai tender a replicar isso no coaching, se não houver limite de tempo.

Por isso dizemos que o coaching é comportamental. Ele vai servir para moldar um novo comportamento, e desenvolver novos hábitos, entre outras coisas como, definir objetivos e fazer planejamentos. Ele atua muito mais na prática, ele pede a prática. A terapia pede a mudança emocional primeiro.

A terapia vai atuar de forma mais profunda, com outras características e objetivos. Mas ela também pode ser comportamental. Geralmente em casos de fobias, por exemplo. Medo de dirigir, medo de avião, medo de mar e piscina, de lugares fechados, etc. Por mais que tudo isso tenha um fundo emocional, e seja fruto de algo mal resolvido na história da pessoa que se expressa através destes medos aparentemente sem sentido, um tratamento vai pedir a prática. Chamamos de dessensibilização. É um processo em que a pessoa vai tendo contato com o medo aos poucos. Ou seja, é um tratamento prático e comportamental também.

Quando você receber seu coachee pela primeira vez, pergunte se ele faz terapia e se ela tem viés comportamental. Se ele não souber responder, pergunte se há indicações do terapeuta para determinadas atividades práticas, ou peça para ele perguntar ao terapeuta se ele usa a linha comportamental. Peça também para ele avisar ao terapeuta que vai iniciar o coaching, caso já não tenha feito. Porque pode acontecer do trabalho de coaching interferir no andamento do tratamento. Então é sempre bom que o psicólogo ou terapeuta do seu coachee saiba que ele está fazendo coaching.

Muitas vezes o próprio terapeuta sugere coaching para seus pacientes, quando vê a necessidade de um apoio comportamental para determinado assunto. Geralmente é em relação à carreira, profissão. E pode acontecer também do psicólogo querer conversar com você sobre o paciente, ou vice versa. Não há problemas nisso, pode ser muito bom para o desenvolvimento do trabalho.

Quando o coach também é psicólogo e ambos trabalham o mesmo paciente, o terapeuta poderá ficar mais à vontade para abrir mais informações, por questão do código de ética, mas também por questão de comunicação similar, para dividir alguns aspectos do paciente que possam interessar ao coach. Quando o coach não for psicólogo, este poderá ter algumas restrições nas informações. Mas, de qualquer forma, ambos vão trocar informações para a melhora do cliente. E o cliente deverá saber através de ambos os profissionais os pontos que foram discutidos sobre ele, para que não se criem fantasias ou receio de que estão escondendo algo. Esses pensamentos são muito comuns na cabeça dos pacientes, e também seriam na sua, se fosse seu psicólogo trocando informações com seu coach.

Mas se o terapeuta não achar necessário fazer este contato, sem problemas também. O importante entre você e seu cliente é que ele deixe o terapeuta ciente de que ele fará um processo de coaching.

Doença mental

Já recebi clientes de coaching que tinham transtornos de personalidade borderline e bipolar. Por ser psicóloga, o processo foi um pouco menos complicado, ainda que eu não fosse especialista em nenhum destes casos.

Se você não é psicólogo, precisa se auto avaliar antes de aceitar um cliente assim.

Partimos da premissa que, ao procurar por coaching, um paciente com qualquer doença mental deva estar em terapia e, na maioria das vezes, devidamente medicado. Ou seja, há um grupo de profissionais cuidando do transtorno com ele, e ele sentiu a necessidade de acelerar algum ponto de sua vida com o coaching.

O comum é que o paciente comunique ao coach sobre seu transtorno logo num primeiro contato, ou primeira sessão. Se ele não comunicar, talvez você nem tenha como saber. Os transtornos podem ou não ser perceptíveis no relacionamento cotidiano. Existem pacientes com níveis de melhora tão alto que poderiam passar por vários programas de coaching com a gente e nem perceberíamos.

Mas, caso você saiba, faça sua autoanálise, se não estiver acostumado a este tipo de cliente. Pense em seus limites e em sua forma de encarar este desafio. Se achar que não é para você, encaminhe para outro profissional.

Este tipo de cliente pode trazer às sessões questões mais profundas, muitos deles são pensadores, mais sensíveis a ocorrências cotidianas e funcionam em outro ritmo, que pode ser maior ou menor, dependendo da condição. Porem, se estiverem seguindo à risca seus tratamentos, têm muito potencial para alcançar objetivos, tanto ou mais do que os outros clientes.

Se você resolver assumir um cliente com transtorno de personalidade, é imprescindível que você pesquise todas as informações possíveis sobre o transtorno e converse com um psicólogo ou psiquiatra parceiro, se tiver. Você também pode pedir para conversar com o próprio terapeuta do coachee, se preferir. O importante, na verdade, é que você entenda um pouco do que se trata a doença, que faça uma sessão com ele investigando como ele está se sentindo e as melhoras que já teve, ou seja, que tenha um panorama geral da situação. Uma opção, em paralelo aos estudos, é pedir que o próprio cliente explique para você sobre seu funcionamento. Além de obter informação, você irá conhecer a perspectiva dele sobre o transtorno. Para procurar por um coaching, espera-se que estejam em uma boa linha de tratamento, então geralmente estes clientes são absolutamente capazes de explicar sobre si mesmos.

O andamento das sessões é o mesmo. A diferença é que a forma de abordagem e sua tolerância com a procrastinação devem variar. Você deve entender o ritmo da pessoa, como até faz com qualquer outro cliente, mas ter um nível mais alto de tolerância em algumas situações. Em ser surpreendido em outras. Enquanto você pode esperar várias semanas para conseguir que o cliente faça uma simples agenda com organização de horários, em contrapartida ele pode fazer leituras de livros inteiros e escrever materiais em poucos dias.

Numa sessão sobre valores, por exemplo, o cliente pode tanto confundir com características da personalidade dele e responder neste sentido, quanto ver muito além e trazer valores com os quais você nunca trabalhou antes.

Geralmente são processos com mais surpresas, mais fora do comum.

Por experiência própria, eu aprendi muito com estes clientes. Não só sobre a condição médica, mas porque, pelo menos nos que eu atendi, havia uma tendência à filosofia, no sentido de pensar sobre a vida, sobre missão e qual o sentido de tudo. Além de uma percepção realista e lógica das coisas, e uma visão descomplicada de muitos aspectos. E posso dizer que os processos terminaram com muito sucesso profissional.

Agora, se o cliente explica que tem um transtorno e não faz tratamento, aconselho que encaminhe para um profissional, ou peça para que ele procure um antes de iniciar o coaching. Você corre risco de perder este cliente, mas é melhor do que o risco dele trazer conteúdos ou problemas com os quais você não consiga lidar. Pode deixar claro ao cliente que para vocês terem um bom resultado, um resultado que valha a pena, ele precisa estar em dia com seu tratamento.

E se a pessoa tiver um transtorno e não souber ou não me avisar?

Isso também pode acontecer, e neste caso, a menos que você tenha experiência com pacientes com transtornos mentais, não vai saber. Como eu disse, pode notar algo diferente no comportamento, dependendo da condição. Existem algumas em que não é possível notar nada. Mas se você perceber algo fora do comum, pode perguntar ao cliente se ele faz ou já fez terapia, e tentar buscar alguma informação a partir daí.

Já aconteceu de eu ter um coachee que precisava de terapia com certa urgência, pois até nosso planejamento corria risco de não dar em nada. Eu desconfiava de traços depressivos. Chegamos num ponto em que eu falei para ele que só poderíamos continuar caso ele procurasse um psicólogo. Você tem autoridade para fazer este tipo de pressão no cliente, afinal, ele não está pagando pouco para fazer o processo, e vai entender que quando você der sugestões ou demandas, você está querendo oferecer o melhor resultado.

Agora vamos explicar conceitualmente algumas das principais condições.

Depressão
É um conjunto de sintomas depressivos que, quando aparecem por muito tempo e causam um prejuízo funcional para a pessoa, caracterizam a doença. Não é só uma tristeza. É um estado que envolve tristeza, desânimo, preguiça, agressividade, insônia, alteração do apetite e diversos outros sintomas, persistentes, e que

impedem ou atrapalham o indivíduo em sua vida cotidiana.

Ela pode ser decorrente ou não de acontecimentos externos, e há uma predisposição genética, na maioria dos casos.

A depressão é uma doença e necessita de tratamento com remédios e terapia. Ainda é muito vista como fraqueza, ou até frescura, por muitas pessoas. Esse erro grave pode fazer com que o paciente não procure tratamento e piore seu estado.

É possível notar no coaching sintomas de depressão do cliente. Às vezes, ela se mostra no rosto cansado e abatido. O desânimo, sem motivo aparente, ou sem que nada de diferente tenha acontecido, pode te dar esta dica. Ao relatar a semana, este cliente geralmente não terá cumprido com as tarefas combinadas, e dirá algo sobre falta de força para fazer as coisas, fazer no automático, irritação, problemas com sono, etc.

Não faça diagnósticos. Anote suas suspeitas e espere a sessão seguinte. Se a situação continuar, você pode aborda-lo mais diretamente, perguntando se ele já teve depressão e se é comum passar períodos sentindo-se assim. Aconselhe uma visita a um psiquiatra para uma avaliação. Você pode oferecer para suspender o coaching neste período de tratamento, e deixar que ele reponha as sessões depois, pois num estado depressivo, não haverá a produtividade necessária para nosso trabalho.

Com tratamento, a doença pode ser totalmente curada, ainda que possa voltar no futuro. O tempo de reação a medicamentos e terapia depende do paciente.

Transstorno Obsessivo Compulsivo (TOC)

São padrões de pensamentos obsessivos, geralmente gerados por medo de algo, e que ocorrem quase o dia todo, levando a ações compulsivas para aliviar o medo gerado pelos pensamentos.

Então, se a pessoa tem medo de adoecer, e pensa nisso o dia todo, pode gerar um comportamento de limpar as coisas constantemente, e voltar a limpa-las logo depois, sem conseguir prestar atenção ou dedicar-se a outras coisas na vida. A maioria de suas ações fica em torno de se livrar de uma possibilidade de ser contaminada. Outras com o mesmo medo podem viciar-se em aparelhos para medir pressão, termômetros e outros equipamentos. Outras podem fazer visitas a médicos quase que diariamente.

Ou seja, a vida do indivíduo fica prejudicada pela necessidade de fazer coisas para afastar a possibilidade de que seu medo se torne real.

As manias e rituais gerados pelo pensamento obsessivo acabam se tornando hábitos automáticos, por isso o paciente tem muita dificuldade para se livrar deles. A maioria das pessoas com TOC têm a percepção de que não é normal fazer o que fazem, mas não conseguem parar.

O tratamento é feito com medicamento e terapia comportamental combinados, e costuma ter alto índice de reposta. O medicamento vai atuar em uma área do cérebro, e a terapia em outra, juntando os efeitos necessários para que os pensamentos sejam tranquilizados.

Se você notar através de relatos ou do comportamento de seu coachee que ele pode estar com sintomas de TOC, pode investigar o quanto os rituais são necessários, o que acontece se ele não os fizer, e se atrapalham sua vida. Como eu disse, a maioria destes pacientes conhece sua condição, mas você pode sugerir uma avaliação psiquiátrica ou psicológica.

É claro que o desempenho de um cliente com TOC pode ser prejudicado, dependendo do ritual e da gravidade da situação.

Transtorno Borderline

É um transtorno em que a pessoa tem dificuldade em definir sua própria imagem. Sente um vazio muito grande, tende a impulsividade e compulsão de todos os tipos. Para ela, é difícil pertencer a grupos e firmar relacionamentos, e podem haver comportamentos agressivos e de auto mutilação.

Elas costumam criar expectativas sobre situações e pessoas, muitas vezes infundadas, e sofrem com a frustração que vem depois, não sabendo lidar com expectativas não cumpridas. Sentem um vazio, que vai leva-las à agressividade e à compulsão.

A alteração de humor é imprevisível, e há labilidade afetiva, ou seja, trocam da alegria para a tristeza, se apaixonam em um dia depois não mais.

Evitam relacionamentos por medo do abandono e rejeição. Pequenos gestos como não ser atendido ao telefone, podem levar a brigas, culpas e desistência do relacionamento.

O tratamento médico vai tratar a impulsividade, e o psicológico vai oferecer bases e referências para gerar segurança.

Um paciente borderline em tratamento psiquiátrico e psicológico, que já tenha alcançado um momento de estabilidade, pode fazer coaching sem maiores problemas. O importante é que você defina bem as metas finais com ele, e faça as cobranças de forma mais incisiva e com paciência para todas as desculpas pelas tarefas não realizadas. Alguns podem gostar de falar sobre o sentido da vida, ou da falta dele. Ouça, mas traga-o de volta ao trabalho de coaching e pontue para ele ações práticas que vão desenvolvê-lo.

Síndrome do Pânico
É a ocorrência constante de crises súbitas de ansiedade, que alcançam um pico e depois passam. Elas podem ocorrer com ou sem motivo externo. Trata-se de um medo intenso que pode causar taquicardia, tontura, sudorese, entre outras sensações.
Ter esta crise em momentos esporádicos, e por poucas vezes, pode acontecer com qualquer pessoa.
Mas a síndrome do pânico caracteriza-se pela recorrência destas crises, que podem surgir mais de uma vez no mesmo dia, todos os dias. Geralmente, não há gatilho, não há motivo aparente que desencadeie uma crise.
Por não saber o que está acontecendo, a pessoa pode achar que vai morrer e se desesperar ainda mais. Pode ir ao pronto-socorro ou simplesmente sair em busca de ar. Ficando mais nervosa, o quadro se agrava.
E como as crises surgem do nada, o paciente começa a evitar se expor, evitar sair de casa. Então ele passa a ter medo de ter a crise, o que começa a afetar sua vida social e profissional.

A síndrome é um alarme desregulado, que dispara contra perigos inexistentes. Para a regulação, é necessária a medicação. A terapia pode ajudar na retomada da vida social e profissional, e nos reajustes de comportamento durante o tratamento.

Se seu cliente relata essas crises de ansiedade com frequência, e não está sendo acompanhado por um médico, indique imediatamente.

É importante saber que, em processos de coaching, alguns clientes ficam num nível muito elevado de ansiedade por mudar a vida, por conseguir um objetivo. Quando notam que é possível, e que estão chegando perto da mudança, essas crises podem ocorrer, pela alta de ansiedade em conquistar algo.

Mas se a frequência for bem baixa, se relatarem este mal estar uma ou duas vezes, a causa pode estar mesmo em aprender a lidar com a mudança. De qualquer forma, peça para que o coachee fique atento aos sintomas e indique ajuda médica se o quadro piorar.

Transtorno Bipolar

O transtorno bipolar é uma doença de humor. As pessoas oscilam entre estados depressivos e maníacos.

O estado depressivo, como vimos, é durador e persistentemente rebaixado. Causa tristeza, indisposição, lentidão, falta de memória, entre outros sintomas.

O estado de mania traz euforia, percepção de muita energia, grande disposição e pouca necessidade de sono. Ela pode trazer sequelas cognitivas, devido à intensidade com que ocorrem no cérebro. Os pensamentos são acelerados e a fala pode ser incoerente.

No início, pode ocorrer o quadro de hipomania, em que a pessoa fica mais funcional, tem menos sono e mais energia. Ou seja, uma mania com menos sintomas. A aparente produtividade gerada nesta fase, porém, não se sustenta. Ela acaba pendendo a um estado depressivo, ou de mania franca, com sintomas psicóticos, em que ela perde a percepção e juízo da realidade. Ela tende a ser mais agressiva e ter alterações no comportamento sexual. As consequências afetam todas as áreas da vida, e a pessoa ainda terá a dificuldade para superar os problemas que criou.

Este transtorno, em até 80% dos casos, é genético, mas é também combinado com fatores ambientais que desencadeiam os sintomas. Entram também mecanismos moleculares, neurobiológicos, neuronais e intracelulares, como parte da composição do quadro.

As pessoas com este transtorno precisam de tratamento por toda a vida, com base em medicamentos e terapia. Seguir o tratamento poderá dar ao indivíduo uma vida funcional sem recaídas.

Assim como os pacientes de transtorno borderline, os pacientes bipolares devidamente tratados podem ter um desempenho tão bom em um processo de coaching quanto qualquer outra pessoa.

Capítulo VII: Um pouquinho de Jung

Carl Gustav Jung foi um psicanalista que trabalhou com Freud por muitos anos, até eles discordarem e separarem suas linhas de teoria. Hoje, a psicanálise junguiana é uma das mais conhecidas e utilizadas em consultórios, conquistando muitos analistas desta linha.

Jung estudou os símbolos e a relação deles com nosso inconsciente.

Ele criou o termo ARQUÉTIPO, que define como imagens primordiais, ou modelos perfeitos que tudo o que existe (ou vai existir). Essa ideia de modelo imaginário perfeito já havia sido definida por Platão.

Um arquétipo seria aquela noção que temos das coisas sem saber exatamente porquê. Se pensarmos no herói, por mais que um herói para mim seja diferente de um herói para você, a noção essencial que temos dele é sempre a mesma: um personagem que se doa em prol de um objetivo maior que ele mesmo, um salvador. Ou seja, o arquétipo do herói, ou o modelo de herói, é, em essência, o mesmo para todo mundo, independente da cultura e experiência daquela pessoa.

Ele diz que os arquétipos fazem parte do inconsciente coletivo. O inconsciente coletivo seria uma parte profunda da psique, onde ficam as heranças e essas "noções" que temos de determinadas coisas que não vivemos pessoalmente. Ele não tem experiências nossas, mas de uma coletividade, sendo formado durante gerações. Nós temos acesso a este inconsciente coletivo, suas informações, e aos arquétipos (ou modelos) que estão nele.

Nosso inconsciente pessoal é quem carrega nossas experiências, com coisas que vivemos e aprendemos. Existe uma ligação profunda, e misturada entre os arquétipos do inconsciente coletivo e os conteúdos do inconsciente pessoal. Por isso, podemos fazer associações inconscientes mesmo que não tenhamos passado por algo em específico.

O inconsciente interpreta os acontecimentos de maneira simbólica, por isso uma fobia de lugares fechados pode ter sua causa num trauma esquecido de ter visto uma briga muito feia entre os pais, por exemplo. Aparentemente, uma coisa não tem nada a ver com a outra, mas em terapia, descobre-se que o paciente fez essa conexão por algum motivo, como ter se escondido embaixo da cama durante a briga, e sentido muito medo ali. Depois que se faz a conexão, tudo ganha lógica, mas até chegarmos neste ponto, é demorado. Principalmente porque as pessoas não se lembram conscientemente do que gerou suas fobias, traumas, medos e problemas emocionais.

Por isso, cuidado quando seu coachee relatar um problema emocional mais sério. Entenda um pouco mais antes de pedir que ele o enfrente. Uma fobia é uma elaboração da psique para lidar com um trauma. Eliminar a fobia sem um tratamento adequado de preparação e compreensão do quadro geral pode trazer o trauma à tona e desestabilizar a pessoa.

Sonhos

Muitos de nossos sonhos (não todos, mas muitos) carregam conteúdos de nosso inconsciente pessoal e coletivo, por isso os arquétipos podem surgir neles.

Os sonhos deste tipo funcionam como um mito. Só há um personagem real, que é você. Os outros são aspectos da sua personalidade e de conflitos que você está vivendo. Se você sonha que seu irmão te bateu em frente a uma casa velha, vai ter que analisar o que há em você que fez sua mente personificar como seu irmão, e como uma casa velha. Seu irmão e a casa velha aí são aspectos da sua personalidade se manifestando como personagem e objeto. Vamos criar uma estória bem simples para entender.

Seu irmão é ousado e tem uma vida profissional invejável por consequência disso. Seus pais sentem muito orgulho dele. Nada que ele faz te desabona, mas ele brilha muito mais. Você começa a fazer terapia por qualquer motivo e sonha com ele te batendo em frente a uma casa velha. Você fica com muita raiva dele, mas não se sente humilhado. A grosso modo, porque isso é só uma ilustração grosseira de interpretação, podemos dizer que seu irmão representa sucesso, ousadia e aprovação das pessoas. Este desejo seu de ser ousado e ter sucesso se personificou em seu sonho na figura do seu irmão. A casa velha pode ser a mãe ou ambos os pais, que ficam num pano de fundo, mesmo na vida adulta, olhando a briga. A casa não faz nada, só está ali, parte do cenário, como supostamente os pais sempre ficaram, mas ainda são importantes o suficiente para aparecerem na cena.

Há muitas suposições para se fazer ainda neste exemplo fictício, e muitas variáveis que um sonho pode apresentar, mas é só para ilustrar como a mente simboliza através de coisas e pessoas nossos conteúdos internos. Como se nos dissesse: "já que você não enxerga isso dentro de você, vamos fazer uma dramatização para explicar".

Os mitos funcionam da mesma forma, porem personificam partes de nossa personalidade de maneira generalizada, apontando para um crescimento interno.
Por isso, Jung estudou tanto os mitos e simbologias. Nossa mente é acostumada a fazer esses simbolismos, e os sonhos são como recados dela, ou representações de situações ou sentimentos.
Um coach não precisa interpretar sonhos, até porque, leva-se muito tempo para fazer isso. Mas, caso algum cliente lhe conte algum, anote. Eventualmente, você poderá fazer um paralelo para compreendê-lo melhor. Somente para compreendê-lo, não para interpretá-lo. Com experiência, você até pode tornar-se capaz de interpretação, mas como coach não recomendo que o faça. O que você pode fazer é pegar um gancho do sonho e transformar aquilo em perguntas para a vida prática.
Voltando ao sonho com o irmão, supondo que você tenha chegado a esta interpretação. Você pode aproveitar isso e perguntar: "Quem você admira profissionalmente?", "Quais as características ou habilidades você acredita que esta pessoa tem?". Mesmo que ele não mencione o irmão, as respostas acabarão fazendo uma conexão, ainda que inconsciente com este sonho. Supondo que o coaching seja para carreira, estas perguntas vão esclarecer ao seu coachee quais aspectos e habilidades ele sente falta em si mesmo. Se ele está sonhando com uma briga com o irmão bem sucedido, ele pode estar sentindo falta nele mesmo do que o irmão representa. Você não interpreta o sonho, mas aproveita-o como material para fazer perguntas relacionadas com essas mensagens inconscientes.

Como efeito colateral, se você acertar em cheio na interpretação e fizer seu coachee começar a agir em relação a isso, é bem possível que os sonhos dele mudem de teor. Afinal, ele estará trabalhando aqueles pontos incômodos, estará resolvendo a questão. Então o inconsciente deverá parar de mandar essas mensagens.

Nunca te aconteceu, ou a alguém que você conhece, de ter um mesmo sonho repetidas vezes e, aparentemente do nada, ele desaparecer? Com ou sem terapia, vamos mudando coisas em nossas vidas, e o inconsciente não precisa mais mandar aquele tipo de mensagem.

De início, como você ainda não terá experiência, somente anote os sonhos, caso o cliente os conte. Não peça para falar sobre isso, porque você pode criar no coachee uma expectativa de que os sonhos serão interpretados. Mas você pode perguntar sobre sonhos, por exemplo, parecendo que tem a intenção de saber sobre o sono. Investigue se seu cliente dorme bem, e os horários que costuma acordar, mostrando interesse em seu cotidiano e descanso. Então você pode abordar o assunto sonhos, se quiser.

(Esta investigação sobre o sono, segundo o livro "The Power of When", de Michael Breus, também pode trazer muitos aspectos comportamentais sobre seu coachee. O autor realizou um estudo e dividiu o sono em 4 tipos básicos: urso, leão, golfinho e lobo. Além de uma boa explanação sobre os tipos, ele dá dicas de melhores horários para realizar determinadas tarefas, de acordo com cada um. É mais uma ferramenta de apoio para seu processo de coaching. Na internet existe uma descrição sumária de cada tipo e um teste para descobrir qual é o seu.)

Tipos Psicológicos de Jung

Em uma parte do desenvolvimento de sua teoria, Jung definiu alguns tipos psicológicos. Como mencionei anteriormente, estes tipos foram estudados e transformados em um teste de personalidade chamado Quati.
Entender os perfis é importante:
- Porque se você for utilizar o Quati, mesmo que receba um relatório pronto, saber o básico sobre os perfis te dará uma informação mais consistente. Os relatórios são feitos por cruzamento de dados, e nem sempre 100% dele falará 100% sobre seu cliente.
- Se você não for utilizar o Quati, conhecer os perfis pode te ajudar a entender as possibilidades de personalidade do seu cliente.
Estes testes não servem para rotular. Não quer dizer que tudo o que está no relatório é correspondente à pessoa, e nem que a pessoa é só aquilo que está no relatório. Sem falar que a validade do relatório é de 6 meses, ou seja, as pessoas mudam. Ou podem mudar.
O que importa neste tipo de estudo, ou de análise, é que você pode conhecer os principais tipos de pessoas a quem está atendendo, e que sabendo identificar, você pode gerar interações mais saudáveis e efetivas.

Tipos de Atitudes
São inatas. Acredita-se que seu tipo de atitude já nasceu com você, e não deverá mudar, em essência. O que pode

acontecer ao longo da vida é que a diferença de pontuação entre uma e outra diminua ou aumente, dependendo das experiências que você ganha.

Introvertidos

- Gostam de passar a maior parte do tempo sozinhos. Não são necessariamente antissociais, mas desfrutam de tempo consigo mesmos.

- Evitam grandes aglomerações de pessoas. Não gostam ou não têm paciência para ambientes lotados.

- Levam um tempo para formular soluções. Gostam de refletir melhor antes de tomar decisões.

- Resolvem problemas em suas mentes ou no papel.

- Odeiam ser apressados por alguém, ou trabalhar sob pressão.

- Gostam de pesquisa, meditação e escrita. São mais focados em atividades que demandam introspecção.

- Gostam de atividades que os fazem pensar.

- Precisam de tempo sozinhos para recarregar as energias. Elas drenam-se quando passam muito tempo com outras pessoas.

- Preferem conversas em particular, um a um.

- Tendem a ter poucos amigos com laços mais fortes.

- São melhores ouvintes.

- Mantêm o foco por mais tempo.

- São emocionalmente mais reservados.

Como trata-los?

- Respeite sua privacidade.

- Não o exponha publicamente.

- Permita que ele observe primeiro quando o colocar frente a situações novas.

- Quando falar com ele, dê-lhe tempo para pensar, e não exija respostas instantâneas.

- Nunca o interrompa.
- Avise-o antecipadamente sobre mudanças.

Extrovertidos
- Gostam de passar o tempo entre outras pessoas. Podem ter um nível de introspecção, mas preferem estar rodeados de pessoas.
- Gostam, ou não se importam, de ser o centro das atenções.
- Envolvem-se ao resolver um problema. Podemos dizer que são o tipo "mão na massa".
- Preferem soluções práticas, não gostam de resolver problemas em suas mentes.
- Fazem amizades facilmente, gostam de conversar.
- Amam viajar.
- Podem entreter um grande grupo de pessoas.
- Para recarregar suas energias, precisam ficar entre outras pessoas. Elas drenam-se se eles passam muito tempo sozinhos.
- Gostam de conversas em grupos.
- Tendem a ter muitos amigos com laços mais frágeis.
- São melhores falantes.
- Distraem-se facilmente.
- São emocionalmente mais abertos.
Como trata-los?
- Respeite sua independência.
- Elogie-o em frente a outras pessoas.
- Aceite e encoraje seu entusiasmo.
- Permita que eles falem sobre as coisas.

Ambivertido

- É um híbrido, uma mistura balanceada entre o introvertido e o extrovertido.
- Podem agir de forma introvertida ou extrovertida baseados no ambiente em que estão.
- Podem ser extrovertidos em ambientes conhecidos e familiares, e introvertidos em ambientes estranhos.

Funções Psíquicas
São as 4 funções básicas que todos utilizamos, mas tendemos mais a uma ou outra. Elas podem vir do ambiente, nem sempre são inatas. Isso que dizer que elas podem mudar a pontuação no teste e uma predominar sobre a outra em determinado momento da vida. Elas são:
Pensamento x Sentimento
Intuição x Sensação
Pensamento – função lógica, pessoa racional. Ex.: Dr. House. Quando o pensamento é muito forte, a função sentimento fica menos desenvolvida. Lida com mais dificuldade com as outras pessoas em relacionamentos próximos.
Sentimento – julgamento de valor, não tem a ver com emoção. Isso é bom ou mau, justo ou injusto. Ligado à ética, determina gostos e avaliações de acordo com o valor. Quando o sentimento é forte, o pensamento fica em menor uso.
Sensação – utiliza muito bem os cinco sentidos, de forma muito apurada. Ex.: músicos, cozinheiros. Pessoas que reconhecem detalhes, fazem coisas passo a passo. Quem usa mais a sensação, usa menos a intuição.
Intuição – percepção inconsciente. A pessoa tem uma percepção do "sexto sentido". Não será detalhista,

pensará mais no geral. É muito ligada às possibilidades, tem muita criatividade. Ideias vão e voltam, não são lineares. Podem ser desorganizadas. Classifica o mundo de maneira generalista.

Ao utilizar o Quati, você receberá um laudo relatando a mistura da sua atitude principal com as funções psíquicas. São possíveis 16 tipos de personalidade neste teste. Ele mostra se você é I (introvertido), ou E (extrovertido). Depois, ele aponta as duas funções predominantes.

Por exemplo, se seu teste der E St In, significa que você é extrovertido e suas funções predominantes são sentimento (ST) e intuição (IN).

Capítulo VIII: Um pouquinho de Freud

As teorias psicanalíticas de Freud são as mais conhecidas e básicas, e se você já teve qualquer contato com a psicologia, já deve ter ouvido falar de expressões como Complexo de Édipo, Narcisismo, Neurose e Psicose, por exemplo.

A obra deixada por Freud é enorme, e maior ainda são as interpretações, adaptações e variações delas, realizadas por outros autores e psicanalistas. Essas interpretações acontecem porque, por mais completas que suas obras sejam, principalmente porque conceituam muitas coisas que não tinham registros anteriores, não houve tempo para que Freud pudesse descrever suas teorias com todas as variáveis possíveis.

Por exemplo, o Complexo de Édipo leva em conta mãe, criança e pai, como um triângulo de relacionamento. Mas e em casos de pais separados, viúvos, solteiros, homoafetivos? Para cobrir possibilidades com esta, outros teóricos, usando (na maioria das vezes) o pensamento freudiano, desenvolveram "apêndices", ou até novas linhas de pensamento com bases freudianas. Assim, a psicanálise freudiana vem sendo discutida até hoje. Claro, os principais psicanalistas, como Jung, Winnicott, Reich, Klein e Lacan, também têm suas obras multiplicadas por visões de outros profissionais.

A intenção aqui não é te transformar num grande conhecedor destes conceitos, nem ensinar como aplica-los com seu cliente, pois como coach, seu foco é totalmente diferente. Mas conhecer estes termos principais e seus significados de maneira geral pode ajuda-lo a compreender o momento de seu cliente, conseguir melhores resultados, gerar mais autoridade e segurança em seus atendimentos, e, talvez, saber se ele precisa ser encaminhado a uma terapia.

As estruturas clínicas conceituadas por Freud, ou seja, as classificações dele para os pacientes, podem ser divididas em 3 bases principais, que ainda têm suas divisões.

1 – Neurose
a)   Histeria
b)   Neurose obsessiva
c)   Fobias
2 – Psicose
a)   Paranoia
b)   Esquizofrenia
c)   Melancolia
d)   Hipocondria
3 – Perversidade

Vamos explicar rapidamente as diferenças entre estas estruturas.

Os neuróticos buscam a plenitude da vida. Sentem dificuldades em relacionamentos e uma insatisfação em geral. Sabem quem são, onde estão, quais conteúdos são internos e quais são externos. Estão em sintonia com a realidade, por isso são capazes de perceber quando têm atitudes, fobias ou sentimentos que não estão de acordo com a normalidade, ou não apresentam lógica de ser. Eles buscam uma satisfação plena, e ao se defrontarem com a realidade, desenvolvem sintomas.

Os perversos acreditam que têm satisfação plena, ou que encontraram este "segredo", por isso não buscam nada. Eles reconhecem que existe insatisfação e desejo de plenitude, e acreditam ter a solução, através de comportamentos como fetiches, por exemplo.

Os psicóticos possuem um contato com a realidade diferente. Para eles, essa insatisfação sequer existe. Eles não se dão conta deste anseio. Na maioria das vezes, sentem dificuldade em integrar-se a regras sociais básicas, porque o mundo externo não é percebido da mesma forma que é para nós. Não há freios ou desejo de adequação ao mundo e suas regras.

Nem todo o paciente que vai à terapia, ou que precisa dela, se enquadra em uma dessas estruturas. Muitas vezes as pessoas procuram a psicanálise com fins de autoconhecimento, ou diante, como já dissemos, de um problema ou crise pontual, como um luto, por exemplo. Poderíamos dizer que um cliente de coaching se enquadraria nesta categoria de pessoas, pois o processo promove um desenvolvimento em uma área específica, tendo como premissa que não há questões graves a serem resolvidas. Certo?

Errado. A maioria das pessoas evita a psicoterapia, e arruma formas terapêuticas diferentes e alternativas para tentar resolver seus problemas. Estão com medo de entrar em contato com suas dificuldades, sofrimentos, e principalmente, não querem se responsabilizar por eles. Então buscam tudo o que é possível alternativamente a esta opção. E o coaching é uma das alternativas. O que elas não sabem, ou pelo menos a maioria delas, é que o coaching pode chegar a lugares profundos dependendo do andamento do trabalho, e mexer em conteúdos, como efeito colateral do processo.

Por isso, é bem possível que você tenha clientes neuróticos. Os psicóticos e perversos acredito que muito raramente. Como comentamos anteriormente brevemente sobre doença mental, pode ser que surja algum. Mas a probabilidade de surgirem neuróticos é muito maior. Pelo próprio fato deles entenderem melhor suas necessidades e buscarem desenvolvimento, crescimento, solução para seus problemas.

Sendo assim, vamos ver um pouco sobre as neuroses, mais pra frente.

Primeiro, para contextualizar, vamos conhecer as estruturas básicas freudianas.

Id, Ego e Superego

Freud dividiu a psique em três estruturas básicas: Id, Ego e Superego, e que todos nós possuímos.

O Id corresponde aos impulsos, ao prazer, aos desejos em geral. Ele não leva em conta o meio externo, a opinião dos outros, ou as regras sociais. Ele quer coisas, e quer agora.

O Ego, ou Eu, seria o refreador destes impulsos. Ele atua de forma a não deixar todos os desejos do Id se manifestarem, poupando a pessoa dos prejuízos decorrentes destas atitudes.

O Superego é a lei, as regras, a "consciência pesada", ou, como dizem alguns, os pais internalizados. Totalmente o oposto do Id, o Superego está cheio de normas aprendidas no meio ambiente e cultura, e vai ditar como devemos ser para sermos aceitos e adequados no mundo.

Conceituando de forma muito generalizada, podemos perceber que o Ego é o mediador entre o Id e o Superego. Quanto mais impulsiva a pessoa, maior predomínio do Id, quanto mais austera e controlada, maior o Superego. Lembrando que os predomínios de um ou outro pode mudar de acordo com o tempo, ou mesmo com a situação. Eu tinha um colega que dizia, quando fazíamos um happy hour, que estávamos indo "diluir nosso Superego em álcool". É uma boa forma de ilustrar porque fazemos coisas quando estamos alterados por alguma substância, que jamais faríamos sóbrios.

Mas o que importa saber é que, na maior parte do tempo, se não em todo ele, estamos falando com o Ego durante um processo de coaching. As adversidades que vão ocorrendo, vindas de coisas como preguiça e medo de ser julgado, por exemplo, terão predominância do Id e do Superego.

Sexualidade

Freud não usou este termo relacionado ao coito ou relação sexual, ao ato físico corporal. A sexualidade para a psicanálise tem a ver com a ideia de prazer e desprazer, satisfação e insatisfação.

A imagem mais arcaica relacionada a este conceito é a primeira sucção do bebê, seja no seio ou mamadeira. O impulso é físico para saciar a fome, mas o prazer da satisfação gerado por isso é psíquico. E este prazer é também relacionado ao outro, a quem oferece esta satisfação. Este registro de prazer, que vai além do alívio da tensão da fome, é o que Freud vai chamar de sexual. Tanto que muitos bebês se acalmam e se aliviam com uma chupeta, que não oferece alimento algum. Nesta primeira fase da vida, a chamada fase oral freudiana, a boca é considerada uma zona erógena, por oferecer prazer e satisfação à criança pequena.

Neste ponto de vista, ou ponto de estudos de Freud, percebemos que a sexualidade não se reduz somente ao ato sexual em si, que vem a partir da adolescência, mas que ela se inicia desde o primeiro momento da vida, como um relacionamento de prazer e satisfação, ou dor e insatisfação, em relação à outra pessoa.

Juntamente com isso, está o relacionamento com os pais ou cuidadores. A sexualidade infantil terá, então, estas bases de avaliação: prazer, satisfação, reconhecimento e cuidado. Por isso, nas obras de Freud vemos que as palavras "sexual" e "amor" são quase sinônimas. É a associação feita pela psique entre o prazer de ser cuidado e o prazer de ser satisfeito.

Então, se você já ouviu falar sobre sexualidade infantil de Freud, esta é a definição. Entender a origem no prazer é importante, porque muitos gatilhos mentais trabalham com isso: cessão da dor e busca do prazer. Isso nos leva ao tópico seguinte, as pulsões.

Pulsão
É a exigência de trabalho que o corpo faz à mente. A pulsão é fronteira entre o mental e o corporal.

A experiência arcaica de prazer, como descrito anteriormente com a sucção, gera um registro, uma marca na psique. A pulsão é a busca por este prazer registrado. Mas precisamos entender que esta busca é pelo prazer em si, não pelo que gerou a necessidade que gerou o prazer. Ou seja, a chupeta é satisfatória para esta busca. A sucção surgiu da fome e da necessidade corporal de alimento. A pulsão vai atrás do prazer da sucção e não do alimento.

Para Freud, a pulsão tem quatro características.

1 – a fonte dela, que viria do próprio corpo
2 – a pressão, que gera um desejo de busca que não termina (ao contrário da satisfação corporal de fome, por exemplo), porque nunca se encontra uma satisfação plena relacionada à representação, à marca de prazer registrada pela experiência arcaica. Por isso o desejo não termina. Quando se realiza, muda, torna-se outro. Por isso estamos sempre buscando novos objetivos. Queremos retomar a sensação do prazer arcaico.
3 – o objetivo da pulsão, que é encontrar a satisfação
4 – o objeto da pulsão, que pode ser qualquer coisa. No caso do desejo arcaico de sucção, não necessariamente buscamos alimentos excessivamente, apesar disso poder ser um objeto. Mas podemos buscar qualquer fonte ligada simbolicamente à sucção. Como comer, por exemplo. O desejo não é do alimento como função de matar a fome em si, mas do ato de comer.
Talvez seja a partir desta pulsão que a maioria dos clientes de coaching surjam. Eles buscam aliviar uma dor, mas querem um resultado que traga prazer e satisfação. O objetivo em si não é só para livrar-se de um incômodo, mas para alcançar prazer.

Recalque
A ideia do recalque é a base de toda a teoria psicanalítica. Freud percebeu que haviam informações impossíveis de ser acessadas na mente, fatos ocorridos dos quais o paciente não se lembrava. Esta lembrança traumática esquecida teria sido recalcada. O recalque seria a causa dos sintomas dos pacientes. Através de métodos que veremos mais adiante, Freud vai buscar a lembrança destes fatos traumáticos, trazer do

inconsciente para o consciente. Apesar de conscientemente esquecidos, estes fatos continuam atuando e gerando um sintoma. A razão para este fato traumático ter sido jogado ao inconsciente ocorre porque a lembrança se torna incompatível com o sistema consciente. Ela se choca com outras ideias, valores e representações que existem na consciência. Esta incompatibilidade torna-se traumática.

Podemos exemplificar casos extremos como pessoas abusadas fisicamente na infância, ou mesmo na vida adulta, e que não se lembram de absolutamente nada. Mas o fato está agindo no inconsciente, e está gerando um sintoma, que pode ser exemplificado de diversas formas, como fobias.

O recalque, neste sentido então, é uma defesa. A psicanálise vai trazer o recalque à consciência e ajustar o aparelho psíquico para lidar com ele.

Com clientes de coaching você vai perceber que o processo esbarra nestes recalques. Principalmente quando houver uma tarefa específica, comum e simples que seu coachee não consegue realizar. A tentativa pode gerar um sintoma, se ele já não existir.

Como seu trabalho não é a psicanálise, você precisa ter cuidado com estes momentos. Aconselhar a buscar terapia é o procedimento básico, mesmo que se continue com o coaching. Mas caberá a você e seu cliente discutirem a questão e pesar a importância dela para o sucesso do processo. Se puder ser deixada de lado, deixe. Se não puder, pense em estratégias para contornar, e sugira uma terapia.

Neurose

As neuroses normalmente surgem de um conflito entre Id e Ego. No geral, Id e Superego estão sempre em discordância, mas o Ego é capaz de "colocar uma ordem" entre eles e ceder a um ou outro, avaliando as situações.

O Ego, fortemente influenciado pelo Superego, proíbe um material do Id, ou seja, não deixa que um impulso se manifeste. Este material reprimido vai lutar contra a repressão. De que forma? Ele vai gerar um sintoma. O Ego vai se sentir ameaçado diante deste sintoma criado, e vai tentar lutar contra este sintoma da mesma forma que fez com o impulso original.

Quando o Ego faz uso da repressão contra os impulsos do Id, ele está a serviço do Superego, que por sua vez tem conteúdos sociais e da realidade. Quando o Ego trava este luta contra os impulsos por causa do Superego, chamamos de neurose.

A princípio, Freud desenvolveu a psicanálise para tratar das neuroses, dando a entender que ela não seria eficiente para a psicose e a perversão. Outros estudiosos pós freudianos afirmam que a psicanálise pode sim contribuir para o tratamento de pacientes destes dois grupos.

Histeria

Um dos dois grande campos da neurose, a histeria tem a raiz de seu nome em útero. Por muito tempo, ela foi considerada uma doença relacionada a mulheres. Freud vai perceber que, além de um fato traumático, a histeria, também observada já em homens a partir dos estudos de Charcot (veremos mais sobre ele quando falarmos em hipnose), estava bastante ligada à vida sexual / amorosa.

Lembrando do conceito de sexualidade de Freud, vamos entender que esta conexão engloba todos os tipos de relacionamento, e não está ligada necessariamente ao ato sexual.

Basicamente, a histeria está ligada à fantasia, ao desejo sexual infantil que foi recalcado. O tratamento deu a Freud a possibilidade de investigação do inconsciente, e daí ele tirou a teoria do Complexo de Édipo, que está explicado mais à frente.

A histeria hoje não é mais um diagnóstico. Há diversas divisões da doença e distribuição dos seus traumas em outras nomenclaturas.

Neurose obsessiva

Também podendo ser entendida como neurose de coerção ou de compulsão, a neurose obsessiva está relacionada à imposição. O sujeito não consegue deixar de pensar, sentir ou fazer alguma coisa, mesmo que não queira conscientemente. Por mais ilógica que a ação seja, e por mais que o paciente compreenda isso, não consegue deixar de fazer. Essas coisas ocorrem na vida de todo mundo. O que se torna um problema, atrapalhando a vida e trazendo consequências graves, é que terá o diagnóstico de neurose obsessiva.

Essa neurose também tem sua origem no recalque. Mas, enquanto na histeria os sintomas são mais fantasiosos ou somáticos, na neurose eles serão mais em esfera mental. Há uma substituição do trauma recalcado por alguma mania. Isso gera uma fadiga mental no paciente, e às vezes até física. Como exemplo, temos as pessoas que precisam lavar as mãos o tempo todo, ou trancar as portas vinte vezes antes de conseguirem sair. É uma necessidade de controle do ambiente: lavo as mãos para impedir micróbios, fecho as portas para impedir ladrões.

Mas os sintomas também podem ser angústia nos relacionamentos, afastamento social, sensação de estar sempre sendo observado, etc.

O sentimento de culpa é comum no neurótico obsessivo, pois o trauma recalcado normalmente tem teor sexual, amoroso ou de morte.

É bastante possível que você tenha um cliente com algum grau destes sintomas, e se você pensar bem, deve conhecer muita gente assim, ou você mesmo.

A orientação é a mesma. Analise se a compulsão ou repetição estão num nível grave, impedindo a pessoa de agir em prol de seu objetivo.

Em casos leves, como o coaching leva à ação, existem coachees que podem ter seus comportamentos obsessivos minimizados ou até extintos. Mas não force caso perceba que seu cliente está em sofrimento e angústia constantes.

Fobias

Fobia é um pavor intenso frente a um objeto ou situação, sem lógica ou motivo aparente, e que geralmente não leva a riscos ou danos físicos. Ela geralmente leva a um sentimento de angústia.

O caso de fobia do pequeno Hans

Hans tinha 5 anos de idade e apresentava fobia de ser mordido por um cavalo, em uma época que este era o principal meio de transporte. Após análise de diversos fatores, como a idade dele, a mãe grávida, o interesse e descoberta de seu órgão sexual, e ao notar o órgão dos cavalos, por falta de recursos mentais ainda, ele desenvolveu esta fobia. Na fase de medo da castração, ele projetou no cavalo a possibilidade de agressão, mordida, retirada de um pedaço seu.

Ou seja, a fobia é uma resposta do sujeito à sexualidade, amor, diferenças sexuais. Um objeto é colocado ali para representar uma angustia recalcada, e ele não precisa ter relação óbvia com o recalque em si, mas terá alguma representação. No caso de Hans, os cavalos.

A psicanálise pode levar o sujeito fóbico a elaborar outra fantasia para substituir a fobia.

A fobia pode aparecer como sintoma relacionado a outras doenças, como em transtornos mentais que citamos anteriormente.

Caso você tenha um cliente fóbico, analise o tipo de fobia e o quanto ela atrapalha a vida em relação a seus objetivos. Em casos mais comuns e não relacionados a outras enfermidades, ela pode não atrapalhar em nada. Então, respeite seu cliente, evite o objeto de fobia e jamais tente "curá-lo" disso ou confronta-lo com seu medo. Mesmo que a fobia impeça o coachee de atingir suas metas, este não é seu trabalho.

Outra orientação também é nunca ficar perguntando muito sobre a razão da fobia, pois é certo que seu cliente não sabe e se pergunta isso todos os dias. Então, não aumente a ansiedade e fale no assunto somente quando ele falar. O que você pode explorar são as formas que ele considera mais assustadoras, para evitar durante o processo de coaching.

Complexo de Édipo

Primeiro vamos entender o nome Édipo. Acredito que a maioria das pessoas saiba da estória mitológica grega, e por causa de seu teor, Freud usa este nome para definir sua teoria.

Resumidamente: Os reis de Tebas, Laio e Jocasta, são avisados pelo Oráculo de Delfos que eles teriam um filho que mataria Laio e casaria-se com Jocasta. O rei abandona o filho ao seu nascimento, e ele é adotado pelo rei de Corinto. Já adulto, ele conhece a previsão do Oráculo e foge de Corinto acreditando que a previsão falava sobre seus pais adotivos. No caminho, acidentalmente encontra Laio, com quem tem uma discussão, e acaba matando-o, sem saber quem ele era. Ele acaba casando-se com Jocasta e tendo quatro filhos com ela. Quando consultam o oráculo em busca de respostas para uma peste, descobrem a verdade. Ela se suicida e ele cega a si mesmo.

Devido à representação mítica de mãe-pai-filho, surge o nome do Complexo de Édipo, que seria o desejo do filho de se casar com a mãe. Além da triangulação, pais e filho, existe também os sentimentos de amor e ódio envolvidos do processo.

Mas o importante para entender sobre este conceito é que tudo ocorre inconscientemente, como um processo normal da evolução psíquica. Não se pode encarar teorias psicanalíticas ao pé da letra, é preciso entender que as explicações traduzem os acontecimentos inconscientes, e não querem dizer aquilo na vida real e consciente da criança.

Muito se confunde também em relação à pulsão sexual descrita por Freud. O que ele quer dizer com sexual trata-se de uma energia motriz da psique, e não de atos e desejos sexuais conscientes como falamos anteriormente. Para entender estas teorias é necessário um pouco de abstração.

Vamos ver como ocorre o complexo com meninos e meninas. Também é importante salientar que, quando dizemos mãe e pai, estamos nos referindo a quem faz este papel para a criança, e não necessariamente a mulher, homem, pais biológicos, etc. O que deve ser compreendida é a função destes papéis no desenvolvimento do filho.

O Complexo de Édipo acontece a partir do 3 anos de idade, quando a criança começa a se deparar com uma série de proibições que não existiam antes.

Complexo de Édipo nos meninos:

O menino tem a mãe como objeto de desejo e o pai como identificação. Quando este desejo se intensifica, nesta fase, o pai passa a ser um obstáculo. A identificação fica tão grande que ele passa a ter um desejo de suprimir, livrar-se do pai, para ficar com a mãe só para ele.

Num paralelo com o comportamento consciente, podemos identificar esta fase quando as crianças descobrem que são meninos e meninas. Podem criar uma mania de manipular os genitais, e mostram ciúmes exagerado da mãe, ou do pai, não só em relação a outras pessoas, mas ciúmes do relacionamento do casal.

Há um sentimento de ambivalência em relação ao pai. Ao mesmo tempo em que o menino o admira, também quer tomar seu lugar.

A partir dos 3 anos, o pênis torna-se a parte mais rica em sensações, e será a zona erógena predominante. Dessa forma, ele será o objeto mais amado, e que reclamará mais atenção. Ele será elevado ao nível de símbolo de poder e virilidade. A este pênis idealizado, vamos dar o nome de falo. O falo não é o pênis real, e sim o símbolo de poder internalizado e de onipotência, tanto nos meninos, quanto nas meninas.

Inconscientemente, há um desejo sexual pelos pais. Como para Freud, nem tudo o que é sexual é genital, nesta fantasia inconsciente do Édipo não queremos dizer que há um desejo de fazer sexo com os pais. Há uma projeção destes desejos que surgem nesta fase sobre os pais. Até porque, nesta idade as crianças sequer sabem o que significa uma relação sexual física.

Tudo vai ocorrer em forma de fantasia, e o menino vai gera-la em torno do corpo nu feminino, que é desprovido de pênis. Neste momento ele percebe a diferença entre homens e mulheres. Ele nota que o corpo feminino é "castrado", ou seja, não possui o pênis. Ao entender que existem seres sem pênis, ele começa a fantasiar que pode perder o dele. Quem pode fazer isso, na fantasia dele, é o pai. A partir desta angústia, deste medo de castração, é que vai iniciar-se a resolução do Complexo de Édipo.

Isso vai ocorrer em três etapas:
- Recalcamento de desejos
- Renúncia aos pais como objeto de desejo
- Incorporação dos pais como objeto de identificação

O menino faz uma escolha. Ou salva seu falo da castração, ou fica com sua mãe. Devido ao medo de perder o falo, ele renuncia aos pais como objetos sexuais e recalca seus desejos inconscientes.

Ao fim do complexo, duas consequências decisivas ocorrem com os meninos.

O surgimento do Superego: ao renunciar os pais como objeto sexual, o menino os incorpora como objetos do seu Eu. Na impossibilidade de tê-los como parceiros sexuais ele promete ser como os pais em suas ambições, fraquezas, ideais.

"Com o tempo, você descobre que há muito mais dos seus pais em você, do que você supunha." William Shakespeare.

Antes do Complexo de Édipo, as crianças não sabem dizer se são meninos ou meninas, e não entendem as diferenças entre ambos. Por isso, ao passar pelo Complexo, a criança vai experimentar as funções maternas e paternas para resolver seus desejos, não importando se os pais são compostos de homem e mulher, ou de casais do mesmo sexo. Ela vai fazer todas as identificações de acordo com a função de cada um em relação a ela, e não a seus corpos físicos.

A confirmação de uma identidade sexual é firmada definitivamente somente na puberdade.

Complexo de Édipo nas meninas:
As meninas passam pelo Complexo de Édipo de forma um pouco diferente. Para elas, existe uma fase chamada pré-edipiana. A menina tem apenas um desejo, o de possuir a mãe. Ela julga ter um falo, e sente-se onipotente. Quando percebe que seu corpo físico não possui um pênis, ela vai sentir-se decepcionada. Ela começa a duvidar de si mesma e acreditar que o poder está no corpo do sexo masculino, e fica dolorosamente

despossuída. Ela sofre com a dor de ter sido privada do falo. Ela sente que tinha, mas perdeu.

O que leva o menino à resolução do Édipo é o medo de perder o falo. O que leva a menina a entrar no Édipo é a percepção de que ela não tem o falo.

Neste momento, ela julga que a mãe teria mentido para ela, teria feito acreditar que ela tinha um falo. Como a percepção consciente nem leva em conta os genitais propriamente ditos, ela acredita que a mãe também tinha um falo, e percebe que não tem. Então, a menina desenvolve desprezo pela mãe.

Ela vai querer reivindicar o falo de volta. É o que chamamos na psicanálise de inveja do falo. O que ela quer não é o pênis enquanto órgão sexual, mas o símbolo fálico, o poder e a potência.

Neste momento surge a figura do pai, detentor do falo. Ela se volta para ele para reivindicar seu poder. Ela passa a querer a potência fálica do pai.

Porem, ela percebe que o falo do pai pertence à mãe. Vendo que não poderá ficar com o poder do pai, porque ele pertence à mãe, ela passa a querer ser o próprio falo do pai. Isso quer dizer que ela vai querer ser a favorita do pai, inconscientemente possuída por ele. Ela quer ser a fonte de poder do pai.

Quando ela tinha a inveja do falo, ela adotava uma postura masculina. Agora que ela é desejadora do falo, ela adota uma postura feminina. Quando ela sexualiza o pai, ela entra de forma efetiva no Édipo. É comum vermos meninas pequenas nesta fase dizerem que querem se casar com o pai quando crescerem.

Neste momento, a mãe volta a ter sua importância, e começa a fascinar a filha. Se ela possui o falo do pai, tão desejado, a menina passa a imitar a mãe com o mesmo objetivo. Nesta fase, as meninas gostam de olhar como as mães se arrumam, o que vestem, suas maquiagens. A primeira recusa do pai em entregar seu falo à filha permite que ela se reaproxime da mãe.

A segunda recusa do pai trata-se de não colocar a menina no lugar da mãe, apesar de todos os seus esforços para ser como ela. Então, ela precisa, e aceita, recalcar seu desejo de ser possuída pelo pai, e passa a querer ser como ele. Ela "mata" o pai como objeto de desejo e o "renasce" como um modelo de identificação.

Assim, ela resolve seu Complexo de Édipo.

A menina estabelece identificação com ambos, o pai e a mãe. O menino identifica-se com o pai, e rejeita a mãe por medo da castração.

Complexo de Édipo no Coaching

É normal haver transferência (vamos falar sobre este conceito mais pra frente) dos nossos conteúdos para outras pessoas. Ou seja, é normal que estabeleçamos relações com as outras pessoas baseadas nas primeiras relações que tivemos com nossos pais, irmãos e familiares.

Um processo de coaching é diferente de um relacionamento familiar ou social. É diferente de uma amizade ou até de um relacionamento de aluno e professor. O coach está ali, assim como o terapeuta, para ajudar a pessoa. Não é uma relação de troca, ainda que aprendamos muito com cada coachee. É uma relação de uma via, apenas. O coachee não está lá para nos ajudar e apoiar, nós é que estamos lá inteiramente para ele, para provocar mudanças nele. Se a ajuda, mudança e aprendizado ocorre também em nós, isso é efeito colateral do processo, e não sua razão última de ser.

Sendo assim, é comum que o coachee projete em seu coach características do relacionamento que tem ou teve com um ou ambos os pais, por exemplo. Por isso, conhecer a base da formação do complexo de Édipo pode ajudar a entender alguns, ou a maioria dos comportamentos do seu coachee.

Como você pode perceber, o complexo se resolve com a imagem internalizada dos pais. Na verdade, mesmo numa terapia, o importante não é tanto saber como são os pais do paciente realmente, mas como o paciente os enxerga, ou seja, como resolveu seu Édipo com eles. É por isso que muitas famílias falam sobre irmãos muito diferentes que tiveram a mesma criação. Além dos pais não perceberem que não são os mesmos no tratamento a cada filho (pois cada um assume um papel familiar diferente e nasceu em momentos diferentes), cada filho resolve seu complexo à sua maneira.

Quando somos confrontados com figuras de autoridade na vida, como professores e chefes, tendemos a projetar neles algo da resolução deste complexo. Não exatamente algo de nossos pais em si, mas como resolvemos o complexo com eles.

Por ser um processo de dedicação unilateral, o coach pode despertar no coachee esta identificação e projeção. Principalmente se seu processo de coaching envolver um pouco de mentoria, de treino para algo específico, como profissionais de educação física ou nutrição que fazem coaching de qualidade de vida, por exemplo. Eles possuem conhecimentos, ou seja, uma autoridade no assunto que o coachee não tem. Havendo esta "superioridade" no relacionamento, é comum estabelecer esta projeção de que estamos falando. E você vai lidar com os comportamentos do seu coachee em relação ao que está treinando, dependendo de como este complexo dele foi resolvido.

Muitas das crenças limitantes nascem da resolução do Édipo, principalmente as relacionadas à autoestima. A forma como a criança, e seu relacionamento externo com os pais, define seu poder e sua importância, dá a base da autoestima para a vida toda. Caso a resolução não tenha sido a mais saudável ou favorável para que a pessoa se relacione e se desenvolva como gostaria, isso pode ser tratado em terapia.

Eu poderia dar inúmeros exemplos de tipos de questões relacionadas a crenças que surgem da resolução do Édipo, mas terei o cuidado de não fazer. Ainda que fique ilustrado e mais didático, temo que os exemplos possam influenciar você de modo a pensar que toda pessoa que tem uma tal crença teve uma resolução de Édipo tal.

É importante como coach, que agora adquire estes conhecimentos, que você nunca faça julgamentos ou diagnósticos do seu coachee. Somente em terapia, e mesmo assim nem sempre, é que podemos detectar e ligar a crença à qualquer estrutura psicológica com mais certeza.

A intenção aqui é que você conheça as estruturas e trabalhe com as possibilidades. Mas lembre-se de nunca dar uma devolutiva com base nas suas observações, por mais corretas que elas possam parecer, ou até mesmo ser.

Você pode se valer da posição de autoridade com seu coachee para leva-lo a seus objetivos. Isso geralmente acontece, já que ele buscou seus serviços deve estar disposto a te ouvir. Porém, as crenças vão impedi-lo de ter o desempenho esperado, e é pra isso que você está lá. Você vai trabalhar essas questões com os argumentos que conhece, usando as ferramentas que temos à nossa disposição para atendimento. Mas sua visão agora mudou. Quando seu coachee não conseguir realizar uma tarefa ou não puder assumir uma postura necessária, você terá mais condições de entender o que acontece no inconsciente dele, ou pelo menos, ter pistas.

As fases do desenvolvimento

Freud dividiu o desenvolvimento humano em fases, que chamou de Fases do Desenvolvimento Psicossexual. Você vai ver que cada uma delas corresponde a um reflexo da personalidade do adulto.

Fase Oral

Ocorre no primeiro ano, ano e meio de vida, e está relacionada ao prazer na região da boca. A criança tem prazer no ato de sucção, que é primordial para sua sobrevivência. Mas ele não está somente restrito à necessidade de alimentação. O bebê tem prazer com a chupeta, o dedo ou brinquedos. Por isso é uma fase em que as crianças gostam de levar tudo à boca. Freud observou, então, que a alimentação não é o fator principal, mas a sensação de prazer proporcionado. Quando a criança não consegue levar o objeto desejado à boca, ela tem reações de choro e irritação.

Então, temos nesta fase dois elementos: o libidinal, em que o prazer é buscado, e o agressivo, quando o prazer é negado ou não conseguido.

Quando esta fase não passa bem resolvida, ou seja, quando a criança sofre muita privação do estímulo oral, ou quando sente o ambiente ou a mãe provedora do alimento de forma negativa, por exemplo, ela pode desenvolver fixações da fase oral.

Estas fixações podem ser expressas na forma anatômica, ou seja, relacionadas à boca, como comer demais, fumar e beber.

Também pode ser expressas na forma psíquica, de pensar como boca. Se a boca destrói, a pessoa pode ter problemas com aproximação de outros, com medo de destruí-los. As possibilidades de expressão psíquica podem ser as causas do narcisismo, depressão e algumas outras patologias.

Fase Anal

Na fase anal, dos 2 a 3 anos, inicia-se o controle dos esfíncteres, principalmente, o do ânus. As fezes serão vistas como seus primeiros produtos, e, dependendo de como foi seu relacionamento com o alimento, o significado das fezes será acompanhado.

Esta troca de fralda para o penico, da relação com a mãe nesta mudança e de como ela reage e trata o assunto, vai refletir na resolução desta fase.

Como em todas as fases, existem inúmeras possibilidades de interpretação da criança em relação ao seu produto, as fezes, e de como o ambiente reage a eles, e de como ela vai se sentir.

As possibilidades de expressão na fixação da anal são avareza, nojo, egoísmo, manias de organização e limpeza, entre outras.

Fase Fálica

Na fase fálica, entre 4 e 6 anos, ocorre a identificação sexual, e o que estudamos como Complexo de Édipo. É quando a criança percebe seu gênero, feminino ou masculino, e o gênero dos pais. Então, conforme já explicado, ocorre o desejo de manter o falo ou de buscar por um.

É a fase em que as crianças começam a ter curiosidades sobre o corpo dela e dos outros e têm ciúmes dos pais. Também acontecem as primeiras sensibilidades na região genital.

A forma como se resolve esta fase pode dar origem à orientação sexual e aos padrões de preferência sexual futura, baseados nas figuras materna e paterna.

Fase de Latência

Ela vai dos 6 aos 10 anos. Ela abre um leque de socialização, ela perde a erotização e começa a relacionar-se com o mundo. As energias são focalizadas no social e nas aprendizagens intelectuais. Por isso é a idade de mais facilidade de alfabetização.

Ela ganha senso de justiça e igualdade, aprende a compartilhar.

Fase Genital

Inicia-se com a puberdade, junto com as mudanças físicas. É a fase em que há retorno da erotização, mas com maturação. O interesse passa a não ser somente em si mesmo, mas no outro também.

É a fase de mudanças mais bruscas, físicas e emocionais. Ela estende-se até a adolescência. A fase genital é a última fase do desenvolvimento e, teoricamente, deveria dar fim às fantasias geradas nas fases anteriores, pois é o momento em que se inicia a vida sexual. Por isso é cheia de excessos e experimentos, até que a pessoa estabeleça-se realmente na vida adulta.

 Estas fases foram descritas para ajudar na identificação de algum comportamento ou queixa. Não devem ser usadas para rotular ou determinar um problema, mas para dar uma visão geral e mais um conhecimento que auxilie na compreensão do seu coachee.

Capítulo IX: Hipnose e seus cuidados

Existem muitos cursos de coaching que oferecem a prática de hipnose em seu programa, principalmente com o objetivo de se remover as crenças limitantes, ou mesmo os traumas.

Eu, particularmente, sempre fui cuidadosa em relação a este tipo de abordagem e este tipo de instrução de um aluno que, talvez, não esteja preparado para aplicar esta prática.

Acredito que, se há um trauma ou um sintoma, aquilo nada mais é do que uma simbolização inconsciente de outro problema. Da mesma forma que as fobias parecem totalmente irracionais, porque remetem a outras questões que o inconsciente interpretou e simbolizou como medo, os traumas, sintomas e crenças também têm a mesma finalidade.

Eles são produtos de uma forma que nosso inconsciente encontrou de resolver um conflito. Mesmo que, aparentemente, os sintomas nada tenham a ver com a raiz do conflito, logicamente falando, eles existem como consequência dele.

Por exemplo, uma vez vi um caso em que uma pessoa gaguejava muito. Muitas vezes, mal conseguia terminar uma frase. O hipnotizador, muito experiente, começou a fazer perguntas, inicialmente sobre o sintoma, mas depois sobre a infância. O paciente se lembrou que a gagueira havia começado ao cinco anos de idade. Investigando mais, ele conseguiu levar o paciente ao dia em que a gagueira iniciou. Ele ouvia os pais brigarem aos gritos enquanto assistia a um desenho animado. É provável que

o medo que sentiu diante da briga tenha sido tão grande, que ele tenha projetado no desenho uma forma de fuga ou de segurança. O personagem do desenho era gago.
Neste estudo de caso especifico, o hipnotizador conseguiu, através de técnicas avançadas de PNL (Programação Neurolinguística), reverter a situação e praticamente curar o sintoma. Mas o que importa aqui é notar como aparentemente ser gago nada tem a ver com presenciar brigas dos pais na infância. Mas a forma de simbolizar isso, depois que se sabe, faz todo o sentido.
Então, por que eu não gosto destas práticas? Porque entendo que os sintomas são símbolos de algo mais profundo. Se eles existem, eles possuem uma função, que permite o funcionamento psíquico da pessoa. Sei que muitas vezes o sintoma atrapalha a vida emocional, profissional e cotidiana do paciente, claro. Mas não acho prudente simplesmente remover o sintoma sem antes entender o papel, a função que ele desempenha para manter a saúde mental. Pode ser que ele seja pior que o trauma original, e que sua remoção traga mais benefícios que consequências. Mas e se for o contrário? E se ele tem uma representação de algo mais complicado, e a melhor forma de lidar com isso foi o sintoma?
Por exemplo, uma pessoa que tem fobia de água pode sofrer de muitas privações. Não consegue aprender a nadar, numa viagem pode não aproveitar passeios, e numa emergência, pode se afogar. Há uma certa limitação na vida prática, e ela gostaria muito de superar este medo.
Vamos supor que ela teve uma resolução não saudável no Complexo de Édipo em sua infância. Pode ter sofrido algum tipo abuso, e acabou não tendo chance de

introjetar os papéis dos pais como esperado. Se ela sofreu um episódio de abuso, e recebeu do ambiente os recursos para lidar com o fato, ao invés de desenvolver perversões, ela desenvolveu fobia por água. Esse é um exemplo muito generalista e grosseiro e, de maneira nenhuma quer dizer que toda fobia por água tenha razões no Édipo, mas é uma forma simples de ilustrar.

Se o hipnotizador não é o terapeuta, não conhece o funcionamento psíquico e não vai continuar tratando o paciente, é muito arriscado que ele simplesmente remova esta fobia. Ela representa uma "tampa" para esses conteúdos recalcados, é uma interpretação do fato em forma de sintoma, da forma, talvez, mais saudável que foi possível ao inconsciente dele. Se, em terapia, este paciente tratar efetivamente da causa, ao invés de procurar uma solução rápida para a consequência, esta fobia tenderá a desaparecer como efeito colateral desta cura, da mesma forma como surgiu. A fobia é um efeito colateral, o tratamento deve ser na causa. Remover esta "tampa" sem saber o que há dentro é correr um risco de desestabilizar o cliente.

Então, se você aprendeu hipnose, tenha cuidado e responsabilidade ao aplica-la. Existem situações e sintomas leves que, como eu disse, podem ser removidos com mais benefícios do que problemas. A questão é saber avaliar se este é caso. Se você não se sentir apto a fazer esta avaliação, que geralmente é possível com um bom tempo de terapia, não faça. Um conteúdo psíquico não some, simplesmente. Ele se transforma em outra coisa, se removido. Nossa meta é que esta outra coisa seja algo mais saudável.

Os usos da hipnose

A hipnose foi um recurso terapêutico utilizado com pacientes histéricos, por volta de 1800 e 1900.

Charcot (Jean-Martin Charcot, médico e cientista francês, 1825 a 1893) foi o responsável por introduzir a histeria no meio científico. Como não tinha origem fisiológica, a histeria era considerada uma dissimulação. Ela causava paralisias, cegueiras e perdas de consciência de fundo psicológico, não mensuráveis fisicamente. Por isso, por muito tempo acreditou-se que era uma dramatização. Porém, Charcot concluiu que, quando hipnotizados, os pacientes tinham manifestações fisiológicas, e possibilitou que ele introduzisse a histeria no âmbito científico.

Bernheim (Hyppolite Bernheim, neurologista francês, 1840 a 1919) dizia que as manifestações que ocorriam durante o hipnotismo não eram provocadas pela histeria ou pela hipnose em si, mas pelas sugestões feitas pelo terapeuta. Ele define então a hipnose como um fenômeno psíquico sustentado pelo efeito da sugestão.

A sugestão é a influência psíquica de uma pessoa sobre a outra. Ela existe fora da hipnose também, quando sugestionamos alguém ou somos sugestionados por alguém. Por exemplo, você explica um conceito a uma pessoa leiga no assunto. Logo em seguida, misturada à sua explanação técnica sobre o tema, você coloca sua opinião ou posicionamento pessoal. Ela não está mais pura, mas carregada com conteúdos seus. O ouvinte, por ser inexperiente no assunto, fica sugestionado a pensar como você. Ou seja, você inseriu sua forma de pensar no cérebro de outra pessoa, de forma que ela, muitas vezes, acredite que aquela ideologia é dela, e não sua. Por aí, podemos perceber o poder que muitos professores têm em influenciar alunos para pensar como eles.

Esta técnica de sugestão pode ser muito útil se habilmente utilizada, para se remover crenças limitantes. As crenças, como eu já disse, são sintomas de uma outra ocorrência, mas na maioria das vezes, são uma elaboração em um nível mais leve, pois não chegam a ser um trauma ou fobia. Elas podem ter sido introjetadas através de uma experiência fracassada, ou vendo experiências ruins de outras pessoas, assim como através de sugestões culturais e familiares. Estamos sujeitos à sugestão externa o tempo todo, e sugerindo também.

Portanto, se seu coachee tem uma crença limitante, antes mesmo de partir para técnicas de hipnose, por exemplo, você pode experimentar um apelo consciente, colocando de forma lógica para ele um novo conceito, que você "embrulhe para presente" em uma estória ou teoria relacionada ao assunto.

Para exemplificar de forma bem simples, vamos supor que seu coachee tem medo de empreender porque sua família sempre faliu negócios próprios, e ele acredite que empreender é fracassar e perder dinheiro. Mas, por qualquer circunstância, ele está fazendo o coaching para abrir um negócio. Você pode ir a fundo com ele em histórias de empreendedores bem sucedidos, pedir a ele que cite alguns de seu conhecimento pessoal, e que faça ainda uma análise das razões principais pelas quais sua família sempre fracassou. Desta forma, você não está batendo diretamente (e sem eficácia alguma) na crença dele dizendo que isso é uma crença e que não acontece com todo mundo. Você está sugerindo que ele busque argumentos lógicos, e ao mesmo tempo, sugestionando que o fracasso não ocorre com todos que empreendem. Há uma sutileza para fazer isso, e costuma ser eficaz, mesmo quando o coachee mais atento percebe de pronto o que você está querendo mostrar. Quando ele sentir que, depois de suas pesquisas, é óbvio que empreender não é o mesmo que perder dinheiro, ele vai rir de si mesmo. É nesta hora que você percebe que a crença limitante está enfraquecendo e pode aproveitar este momento para continuar diminuindo-a.

Com hipnose, Charcot fazia as sugestões em pacientes, dava ordens a eles para que o sintoma desaparecesse. E ele desaparecia, sem que o paciente soubesse o motivo.

Quando Freud usava a hipnose, ele fazia uso tanto da sugestão no alívio de sintomas, quanto do método catártico. Ele começou a entender que a ordem dada durante a sessão hipnótica que removeu o sintoma, continuava operando em algum lugar que não era o consciente do paciente. Caso contrário, o paciente saberia porquê o sintoma desapareceu. Neste momento, Freud começa a pensar sobre o inconsciente.

O método catártico

O surgimento do método catártico veio por meio de Breuer (Josef Breuer, médico que lança as primeiras bases da psicanálise) a partir do caso de Ana O.

Ana O. tinha sintomas histéricos e entrava em auto estado de hipnose, nos quais pronunciava frases soltas e sem nexo. Nestes momentos, Breuer pedia que ela falasse tudo o que surgia em seu pensamento. Então ela trazia lembranças e revivia emoções adjacentes àqueles acontecimentos. As lembranças eram relacionadas à produção dos sintomas histéricos, ou seja, tinha a ver com a causa da doença. Toda vez que esta recordação era trazida para a consciência normal, o sintoma relacionado diminuía muito ou desaparecia. A paciente começava a ter um entendimento consciente do que acontecia, ao reviver as emoções ligadas ao acontecimento que dava origem ao sintoma.

Breuer percebeu que a emoção escoada estava estancada no psiquismo da paciente. Ao falar disso, havia um alívio, um escoamento emocional, amenizando o sintoma. Durante a hipnose, ele não sugestionava a paciente, ele puxava dela informações sobre os acontecimentos a partir das falas aparentemente sem sentido.

Esta abordagem difere da hipnose com finalidade sugestiva. Ele então propõe o uso investigativo em oposição ao uso sugestivo. O método catártico tem mais a intenção de investigar e trazer à tona experiências passadas do que sugestionar simplesmente que o sintoma desapareça. Ele preocupa-se mais em entender o porquê daquele sintoma e em fazer o paciente reviver a emoção que não foi vivida no momento do acontecimento, com intenção de cura.

O processo de reviver a emoção durante o relato foi denominado de catarse, e tem seu ponto culminante na descarga emocional, como se abrisse uma tampa cheia de conteúdos e eles vazassem, aliviando a pressão psíquica. Por isso os sintomas tinham grande melhora ou até desapareciam.

O sistema nervoso possui uma capacidade limitada de suportar emoções, ou excitações, como diz Freud. Quando provocado além deste limite, o paciente externaliza suas emoções através de reações verbais, choro, elevação de voz, inquietação.

Para Freud, a eficácia de se eliminar um sintoma não estava somente na catarse, não era suficiente que o paciente trouxesse à consciência os acontecimentos que levaram aos sintomas. Ele entendia que era também necessário que o paciente refletisse e compreendesse esses acontecimentos. Isso traria aceitação e controle consciente dos acontecimentos e dos sintomas.

Capítulo X: Associação Livre (mais um pouquinho de Freud)

Freud dizia que a associação livre é a técnica fundamental da psicanálise. Ao perceber que a hipnose não dava o caminho e as razões para o surgimento dos sintomas, e simplesmente trazia o alívio deles, ele começa a definir que o terapeuta deve dar liberdade ao paciente de se expressar.

Na hipnose sugestiva, o terapeuta dá ordens. No método catártico, ele direciona com perguntas para saber a raiz. Na associação livre, ele deixa que o paciente traga os conteúdos sem interferência, sugestão ou direcionamento do terapeuta.

Ao dar liberdade ao paciente para dizer o que quer, o inconsciente se manifesta com mais facilidade. O acesso ao inconsciente torna-se mais fácil. Como o objetivo da psicanalise é integrar aspectos que foram mandados ao inconsciente, a associação livre é fundamental.

Ao sentar em frente a um terapeuta, podemos acreditar que estamos escolhendo os assuntos a serem tratados de forma consciente. Mas até a ordem em que eles surgem durante a sessão, porque surgiram só agora, ou porque você acabou não falando algo que queria ao psicólogo naquela sessão, tudo isso é comandado pelo inconsciente.

O paciente deve comunicar sem travas, preconceitos ou vergonha para uma terapia eficaz. Assim, ele traz seus conteúdos da forma mais livre possível, dando acesso a seu inconsciente. Ele fala o que lhe vem à cabeça, e o que vem, é trazido diretamente do inconsciente para ser então tratado.

No coaching, a associação livre não acontece. O coaching é um processo orientado, muitas vezes com tarefas para a semana seguinte, voltado para a ação e resultados, cheio de ferramentas e questionários. Desta forma, o que surge nas sessões são conteúdos direcionados. Mesmo quando provocamos o coachee a pensar na solução, ao invés de entrega-la, mesmo quando pedimos que ele defina o que vai fazer, que ações vai tomar, estamos direcionando.

Pode acontecer associação livre numa sessão de coaching?

A associação livre é uma base terapêutica, e não deve ser usada para coaching pois o objetivo, e o tempo que teremos com o cliente, são diferentes. Utiliza-la fará com que o processo fuja da razão principal de ser, que é levar o cliente o mais próximo possível de um objetivo concreto. Então, ela não seria eficiente, apesar de não ser prejudicial.

Mas conteúdos inconscientes surgem o tempo todo. Podemos perceber isso quando as tarefas não são realizadas, ou o são rápido demais. Ou quando o cliente tenta explicar demais, ou quer falar de outros assuntos. Quando surgem temas que estão fora do escopo de trabalho daquela sessão, o paciente está em processo de associação livre. Ele quer ser ouvido.

Se você notar que ele está aflito, angustiado, ansioso, pode deixa-lo falar. Ele sabe que você não é um terapeuta e não vai (ou pelo menos não deverá) esperar uma intervenção sua sobre o que ele está falando. Mas tome dois cuidados:

1 – Cuide do tempo da sessão e dos objetivos que você tem nela, para que sejam cumpridos. Você é coach e busca resultados, não é terapeuta. Se isso ocorrer muitas vezes, por longos períodos, em várias sessões, indique que seu coachee procure ajuda psicológica e pode explicar a ele porquê. Diga que você percebe que ele está tentando usar as sessões para tratar de outro assunto, que ele está precisando falar sobre aquilo de forma mais profunda, e que o coaching não pode ajuda-lo nisso. Que seria mais produtivo ele se manter nas metas do coaching, e que deve levar estes conteúdos para outro tipo de profissional. Claro que ele pode eventualmente dividi-los com você, mas isso não pode dominar o processo de coaching. Senão, ao final, você não terá sido nem coach nem terapeuta do seu cliente.

2 – Como estes assuntos paralelos tendem a ser muito pessoais, evite a todo custo dar sua opinião ou contar historias suas ou de seus conhecidos para fomentar essa conversa. É muito tentador dar nosso parecer nada técnico no problema do cliente, dizer o que pensamos pessoalmente sobre aquilo, e quantas vezes você já viu isso acontecer. Contenha essa vontade, você está ali para manter seu coachee no foco, então você deve ter foco primeiro. Existem momentos em que você pode dividir suas experiências, e de outras pessoas, na sessão, com a intenção de fazer seu cliente chegar à meta daquele dia. Mas dividir experiências e conhecimentos é muito diferente de dar sua opinião. Sua opinião não deve ser dada nunca, em hipótese alguma. E se for dividir algo com o cliente, isso deve ser essencial para faze-lo chegar a uma conclusão importante. O cliente não tem que saber como você é, o que você pensa e sente sobre

determinados assuntos. Isso é pessoal, e é seu. O foco da sessão é ele. Já aconteceu comigo de ter clientes que querem minha opinião pessoal sobre seus assuntos. Muitos se conformam com a explicação de que minha opinião não serve de nada para ele no processo, o que serve são minhas observações em relação ao que ele está fazendo. Geralmente é isso que eles querem ouvir, e não opiniões em si. Mas outros insistem em saber minha posição pessoal. Fico muito tentada a atender, porque às vezes parece até antipático da minha parte me esquivar. Mas eu resisto, porque não consigo dimensionar o impacto que teria dizer o que eu penso pessoalmente. E se o coachee insiste em saber sua opinião tanto assim, é porque ele vai dar muita importância para ela. Então não falo. E trabalho com ele essa questão, o motivo de querer tanto saber a minha opinião. A partir daí, pode sair muito material para ser usado.

O uso das ferramentas de coaching não tem por objetivo acessar o inconsciente?

A maioria das ferramentas, dependendo de fatores como o momento do cliente e da aplicação, e do tipo de ferramenta, pode e deve trazer conteúdos inconscientes. Mas são conteúdos direcionados, que você está provocando para que seu coachee busque. Não é uma associação livre, em que ele traz o que quer.

Aquele momento em que você pergunta "O que você vai ser quando conseguir isso", por exemplo, faz o cliente reagir rapidamente com qualquer resposta rasa, geralmente. É aí que você entra com mais investigação, certo? Tem uma hora em que você consegue que seu cliente fique em silêncio por alguns segundos, geralmente olhando para cima, antes de responder. A resposta que vem depois é trazida do inconsciente para a consciência. O que é falado depois destas pausas é extremamente precioso, e você deve estar atento a isso. Um pouco da verdade sobre os objetivos de vida dele está ali.

Capítulo XI: O que pode acontecer o Coaching?

Catarse no coaching

Pode ocorrer uma catarse no coaching?

Sim. Se o objetivo do cliente com o coaching possuir uma carga emocional forte, se o cumprimento ou não desta meta de vida tiver um alcance afetivo intenso, pode acontecer uma catarse em alguma sessão.

Como utilizamos ferramentas de investigação, vamos avançando camada por camada até chegarmos às respostas que o cliente precisa ter sobre si mesmo. Neste avanço de camadas, muitas vezes temos que insistir, e às vezes sermos um pouco mais enérgicos com o coachee para que ele saia da superfície. Em uma destas insistências mais incisivas, seu cliente pode ter uma reação emocional descontrolada, como querer ir embora da sessão, muito nervoso, ou começar a chorar sem parar. Isso quer dizer que você ultrapassou o limite emocional que o sistema nervoso dele suporta.

Se você for inexperiente, ficar assustado, ou mesmo se não gostar de lidar com estas explosões, pare de falar. Deixe a pessoa se recompor, e mantenha a calma no tom de voz. Peça que ele respire e se acalme. Se a sessão for presencial, ofereça-se para buscar uma água. Se for online, peça para ele levantar-se e pegar uma água. Dê uma pausa. Quando ele retornar, pergunte como ele está e se sente-se apto para continuar. Se ele disser que sim, pode retomar o assunto delicado utilizando a última resposta dele como definitiva e dê o caso por encerrado.

Nesta hora você pode contar, se tiver, um caso similar e dizer que isso é comum acontecer quando tratamos de coisas importantes. Deixe-o confortável quanto à reação que teve e diga que é sinal de que o processo está mexendo em coisas importantes. Verifique se ele está mais tranquilo, e continue sua sessão com outro assunto.

Se você for experiente e não ficar assustado, se conseguir manter a calma e tolerar a explosão, e se achar que tem noção de quando deve parar, pode continuar provocando. Aproveite a fragilidade momentânea para fazer uma pergunta que ele tem dificuldade de responder, e que, segundo sua análise, pode descortinar muitas crenças em relação ao objetivo final. Se a pessoa estiver alterada, falando alto, pode fazer a pergunta no mesmo tom dela. Sabemos que isso é uma técnica de PNL para criar sintonia. Se você conseguir obter uma resposta clara, ela provavelmente virá em outra explosão. Aí você entra no processo de acalmar a pessoa. Depois que ela estiver controlada, pode falar sobre a resposta. Provavelmente, esta resposta é a realidade escondida abaixo de todas as metas de vida dele.

Isso aconteceu com um coachee meu durante a sessão em que falávamos da missão. Não é em todo processo de coaching que eu forço a determinação de uma missão de vida, mas naquele caso era necessário, e estava ligado à profissão e objetivo final dele. Esta sessão, por si só, já é bastante intensa.

Ele começou de forma bem rasa, dizendo frases prontas. Eu aproveitava as frases para aprofundar, mas elas rodavam em torno de si mesmas. Então voltei à pergunta original. Ele começou a ficar irritado porque já tinha respondido, mas eu fui em frente. Até aquele momento eu

estava anotando o que ele dizia, mesmo sabendo que estava sendo muito superficial. Então parei de anotar e comecei a insistir na pergunta original. Em poucos minutos ele ficou muito nervoso comigo, disse que eu não estava prestando atenção, nem estava mais anotando, que ele já tinha respondido, e o que mais eu queria que ele dissesse. Quando ele começou a falar mais alto, eu refiz a pergunta no mesmo tom. Ele ainda reclamou, levantou, andou pela sala, e eu achei que ele fosse empurrar a cadeira. Eu decidi que iria perguntar mais uma vez e iria parar. Perguntei, acrescentando um "de verdade" antes. Ele se ofendeu como seu estivesse dizendo que ele estava mentindo, mas, de repente, ele respondeu algo totalmente diferente do que tinha respondido antes, quase gritando. E eu disse, quase no mesmo tom dele: "é isso o que eu queria saber". A reação dele foi ficar vários segundos em silêncio me olhando, mas com aquela expressão de quem não está ali. Enquanto isso eu anotei a resposta e voltei a olhar para ele. Ele estava muito surpreso com a resposta, então aguardei que ele voltasse a si, sem interromper. Peguei água e deixei ali. Não demorou muito e ele estava normal de novo, mas agora um pouco assustado. Então expliquei o que tinha acontecido tecnicamente, sobre catarse e sobre a importância da resposta que ele tinha conseguido trazer. A partir dela, levamos todo o restante do processo, e as sessões seguintes foram mais sinceras e produtivas.
Mas somente recomendo aproveitar a catarse desta forma, se você tem controle o suficiente, e se tem condições de saber quando parar e de utilizar as palavras certas para não virar uma briga.
Se não, recue, dê espaço e espere a pessoa se acalmar.

Essas explosões ocorrem em um número mínimo de processos, e eu não fico provocando para que apareçam. Somente aproveito quando surgem.

Novamente, uma reação emocional significa que vocês estão entrado em áreas importantes, e isso pode ser dito ao seu coachee. Você pode voltar a abordar o assunto depois, deixando-o consciente de que vai falar do tópico desagradável novamente e explicando o motivo.

Geralmente quando explicamos logicamente o que está acontecendo com a pessoa, e porque ela está se sentindo assim, e o quanto é importante definirem aquele ponto que levou à explosão, ela costuma baixar a resistência e entender o que acontece. E disso costumam sair ótimas sessões seguintes.

Transferência

A transferência é uma conexão entre paciente e terapeuta. O analista torna-se um lugar de investimento do paciente, ou seja, alguém que está ali para ouvi-lo sem impor qualquer regra ou direcionamento (como falamos que funciona a Associação Livre). Enquanto ele fala sobre suas angústias e sintomas, essas coisas começam a se deslocar, ocupar outro lugar na vida do paciente. E ele tem como ponto de investimento desta fala, o analista. Juntamente com o vínculo entre ambos, há o deslocamento de conteúdos.

É comum que pacientes, já na primeira ou primeiras sessões, sintam uma melhora rápida de seus sintomas por causa da transferência. Mesmo que ainda não tenha havido tempo para efetivamente tratar alguma coisa, somente o fato de estabelecer o vínculo e reconhecer o analista como um investimento de conteúdos, já há a sensação de alívio.

Como coach, isso também pode acontecer com você. Mesmo que não usemos a associação livre em si, pois temos um trabalho direcionado, o fato do cliente sentir-se à vontade para dizer ao coach, por exemplo, que tem preguiça de trabalhar, já faz com que haja uma transferência de conteúdos.

A transferência é o laço entre o paciente e o analista. Mas o analista não é realmente um indivíduo ali. Ele representa um receptáculo destes conteúdos. Então, ao estabelecer este laço, o paciente estabelece conexão com seus conteúdos também. Por isso que o analista ou terapeuta, e também o coach, não devem falar de si mesmos, nem dar muitos dados de sua vida pessoal ao cliente. Quanto menos o cliente te enxergar como indivíduo, menos aspectos pessoais ele vai levar em conta sobre você, e mais ele vai estabelecer essa transferência. Se você for apenas este receptor, mais conteúdos dele mesmo ele poderá transferir, sem considerar os seus conteúdos.

Também é por isso que psicólogos não atendem pessoas próximas. No caso do coach, é possível atender parentes e amigos, porque a transferência de conteúdos é mais rasa e o contato em geral é mais limitado, ou os assuntos abordados, mais leves (não que sejam leves, mas falamos em comparação com uma terapia). Mesmo assim, eu não aconselho que você faça coaching com pessoas com quem você mora, ou com quem você tenha vínculos financeiros, como sócios, por exemplo. Esses vínculos não vão permitir que se estabeleça o vínculo correto entre coach e coachee, e será muito provável que a pessoa não se abra totalmente com você em questões importantes que ela quer buscar, invalidando o trabalho.

Quanto menos personificado você for para seu cliente, melhor. Uma relação em que os dois trocam conteúdo em sintonia é uma amizade. Num trabalho como o de coaching, somente o cliente entrega conteúdos dele. O coach pode pontuar e provocar, até dar exemplos seus ou de outros clientes para ajudar a questão. Mas não deve querer uma troca de experiências. E se você estiver atendendo um amigo, no momento da sessão, deixe de lado conversas do relacionamento externo de vocês e foque nos objetivos dele. Por isso também, eu acho mais difícil atender pessoas próximas. A tentação de falar sobre coisas "extra coaching" e a linha tênue que separa o atendimento da conversa amigável é muito fácil de ser transposta.

Durante a transferência, o analista deve ser bastante hábil em suas intervenções para que ela continue sendo uma propulsora da melhora. Ela movimenta conteúdos em relação à melhora, mas não pode ser deixada solta. O analista deve intervir de forma que o paciente consiga entender que ele próprio tem o que precisa para a cura, e que a análise é somente o caminho. Se isso for deixado sem direção, o paciente pode ver no analista tudo o que falta nele mesmo. Pode deixar de se interessar por si, e interessar-se pelo analista como fonte de tudo o que ele precisa. Neste ponto, é comum o paciente, por exemplo, achar que está apaixonado pelo terapeuta, ou começar a querer estreitar laços de amizade e ter um relacionamento fora do consultório. Ou criar uma dependência, e não conseguir viver sem terapia. Claro que aqui não estamos falando de casos de doenças ou transtornos mentais, que podem necessitar de acompanhamento constante.

Isso pode acontecer no coaching também. Mesmo que não haja esta profundidade de conteúdos, sabemos que pode acontecer com muita frequência que os objetivos do coaching estejam ligados a questões emocionais mais fortes. Sua postura deve ser sempre a de mostrar, como base do coaching, que as respostas estão no cliente, e que você é um facilitador para encontra-las. Se notar que está acontecendo algo assim, pegue méritos anteriores e mostre que são dele, e não seus. Aponte, em cima das informações que tem do cliente, casos e situações dele que ele mesmo resolveu.

Exemplos claros de que seu cliente está estabelecendo transferência com você:

- Se for uma pessoa ciumenta, ela começa a querer saber como são seus horários, se você tem muitos coachees, se são difíceis como ele (o cliente sempre tende a dizer que se acha difícil, mas na verdade quer ouvir que não, e você pode dizer que não), ou seja, começa a querer saber o quanto ele é mais importante que os outros.

- Se for uma pessoa com necessidade de aprovação, ela pode pedir feedback a todo momento, saber se suas tarefas estão bem realizadas, ou você pode perceber sutilmente que ela aguarda um elogio.

- Se você nota que seu cliente está mais aberto, contando mais coisas, admitindo suas faltas, por piores que sejam, e empenhando-se nas tarefas. Ele estabeleceu transferência e quer dar seu melhor, para si mesmo e para que você veja.

- Se seu cliente estiver mostrando sinais de dependência, como ficar aterrorizado porque está chegando o fim do programa, e começar a se questionar em pontos já resolvidos, seu trabalho é mostrar para ele que vocês estão mais próximos do objetivo dele do que antes e que ele é capaz de andar sozinho.

Eu costumo fazer uma régua de tempo junto com o cliente, deixando as próximas metas já agendadas, para que ele tenha um plano detalhado a seguir quando o coaching terminar.

Existem casos em que o cliente surge com outra demanda para coaching. Você pode atender a demanda, mas recomendo que não emende um coaching com outro. Faça um intervalo de uma ou duas semanas para iniciar com o objetivo novo.

Mas se você perceber que ele só quer estender o coaching porque está inseguro em continuar sozinho:

- Primeiro esclareça isso com seu cliente. Pergunte se o desejo dele de continuar com o trabalho é porque está inseguro em continuar, com medo de largar o que já foi feito e perder o investimento. Se for isso, devolva o problema para ele. Se ele conseguiu chegar até aqui, não tem porque parar. Ele deve ser seu próprio motivador e a pessoa a quem ele deve prestar contas.

- Recuse caso ele queira mais sessões de coaching. Ele estabeleceu transferência com você, e seu trabalho não é fazer terapia. Se você aceitar, acabará indo para este lado. Pode ser claro com ele e dizer que mais sessões já vão configurar outro tipo de trabalho que não é o de coaching. A menos que ele queira trabalhar outro ponto. Então, faça a pausa, como recomendado. Eu aceitei emendar mais sessões de coaching num mesmo processo apenas uma vez, porque era um caso especial. O cliente tinha um transtorno e seu desenvolvimento prático ficava mais lento em alguns períodos. Como ele estava indo bem e conseguindo realizar coisas que nunca havia feito, aceitei o pedido dele de estender o número de sessões. Em casos de coaching executivo também pode haver extensão de sessões, de acordo com o momento e demanda da empresa.

- Ofereça para ele uma supervisão mensal por um número de meses pré-determinado. Para baixar a ansiedade dele, você pode fazer uma sessão por mês, para que ele não se sinta desamparado e não pareça que você está sendo indiferente com a dor dele. A quantidade de sessões mensais vai depender do tipo de objetivo, do que ainda falta ser conquistado. Você pode definir com ele.

Atenção flutuante

Na formação de coaching, aprendemos a técnica de escuta atenta.

Na psicanálise, usamos uma técnica chamada atenção flutuante. Como vimos, a associação livre é deixar o paciente falar sobre o que quiser. Entendemos que a psiquê dele trará aqueles assuntos aparentemente aleatórios, mas que estão sendo escolhidos inconscientemente.

Nesta fala de associação livre é que o terapeuta utiliza a atenção flutuante. Ele presta atenção ao que está sendo dito, sem prestar atenção realmente. Ele vai ouvir o que está sendo dito "peneirando" as partes importantes do que o paciente está dizendo, e fazendo as conexões com o padrão do paciente.

Às vezes, fazemos isso quando estamos lendo, jogando ou assistindo alguma coisa e outras pessoas perto de nós estão conversando. Não prestamos atenção na conversa, apesar de estarmos entendendo as palavras. Mas em algum momento elas falam sobre algo que chama nossa atenção, então passamos o foco para a conversa delas.

Além do terapeuta separar elementos importantes do discurso, ele também vai usar seu conhecimento para interpretar aqueles elementos. E pode direcionar, dependendo da linha terapêutica, a conversa para outro lado.

Na escuta atenta, fazemos o oposto. Prestamos atenção exatamente ao conteúdo do que está sendo dito. Mas nada impede que façamos alguma conexão com outras situações já relatadas anteriormente pelo cliente, usando um pouco da atenção flutuante.

Por exemplo, um cliente te procura porque quer abrir uma loja. Durante as sessões, ele diz que não consegue ficar mais de dois anos em um mesmo emprego, sai ou é demitido. Depois de vocês trabalharem planos e ações para a loja acontecer, ele começa a apresentar dúvidas. Você entendeu um padrão de instabilidade dele, que tem desejo de novidade e desafio. Quando ele vier com dúvidas, não serão sobre ele mesmo, mas sobre qualquer outra coisa. Sobre a crise, sobre o ramo escolhido, sobre os produtos. Na verdade, ele estará arrumando culpados externos por uma insegurança dele de não conseguir manter-se num mesmo negócio por mais de dois anos. E se o negócio for dele, ele não pode ser demitido ou simplesmente sair. Mesmo que você preste atenção ao conteúdo, ao que ele está dizendo sobre as dificuldades de se ter uma loja, etc., você, ao se dar conta deste padrão, pode devolver para ele. Pode perguntar se ele não estaria preocupado com o fato de nunca ter ficado mais de dois anos em um só lugar, e estar entrando em um negócio dele exigiria que ele ficasse mais estável. É provável que ele concorde e insira essa possibilidade entre a lista de impedimentos. A partir daí, você deve validar o objetivo dele de ter a loja, e se ele realmente a quiser, passar a trabalhar os valores dele.

Chiste

Chamamos de chiste quando uma pessoa diz algo de brincadeira, mas que na verdade é o que sente ou pensa realmente. É quando chamamos de chato aquele amigo que achamos chato de verdade, mas usamos um ambiente e um tom de brincadeira para fazê-lo. Ou quando exageramos num comportamento para mostrar que estamos brincando, mas no fundo estamos gostando ou detestando de verdade do que está acontecendo.

O chiste é uma coisa que pode surgir no discurso do paciente, que geralmente é percebido e pontuado pelo terapeuta.

Seu coachee pode dizer verdades brincando. No relacionamento de vocês, é bem possível que o chiste seja usado para ele externar uma crença, como "ser empresário é ser responsável, e eu sou irresponsável", ou "todo coach é chato assim como você?".

Ato falho

Quando trocamos um nome, ou dizemos uma coisa, querendo dizer outra, estamos cometendo um ato falho. Quando a mãe quer chamar um filho e chama o nome de todos os outros antes de acertar o dele, quando chamamos a namorada de mãe, quando dizemos que o trabalho de quem gostamos está lindo quando queríamos dizer que está ótimo, são atos falhos. Os atos falhos podem acontecer até em frases ou colocações inteiras, e geralmente as pessoas notam que algo está instantaneamente fora de controle.

Isso ocorre quando nosso inconsciente nos trai. Ele dá um jeito de se manifestar e ultrapassa nosso filtro consciente fazendo-nos dizer essas coisas. Ele pode ter inúmeros significados, e vai ser difícil saber o que ele quer dizer, mas em terapia, é um momento de atenção do analista. Ele vai explorar seu ato falho, pois ele não acontece por acaso.

A maioria do discurso do paciente na associação livre é descartável no sentido de importância para a análise. Coisas cotidianas relatadas podem não ter relevância alguma, mas elas vão conter algo oculto que é importante, e que será detectado pelo analista que procura por isso. Ele não vai se chocar, por exemplo, com o relato de como aquele colega de trabalho é egoísta, e com a quantidade de detalhes e situações que o paciente vai dar para mostrar isso ao analista. Ele vai interromper esta fala quando ela trouxer o que importa, ou seja, quando o paciente disser "parece meu irmão", ou "sempre tem um egoísta no meu caminho", ou "gente egoísta me irrita mais do que tudo", por exemplo. Aí, ele pode usar todos os dados que antes eram dispensáveis para o ambiente terapêutico, e a partir daí fazer intervenções mais direcionadas.

Na escuta atenta, nosso treino como coach é um primeiro passo para a atenção flutuante. Usamos uma atenção flutuante na vida, porém sem controle algum. Uma pessoa começa a nos contar algo, e logo ligamos aquilo a algo que já vivemos, e acabamos nos perdendo da conversa dela. Isso quando não a interrompemos para contar o que lembramos que aconteceu conosco. Como coaches, aprendemos a estar presente para o discurso do coachee, sem deixar nossos conteúdos nos dispersarem. Se você consegue fazer isso, que é essencial para o atendimento, pode começar a treinar a atenção flutuante.

Uma vez que você está totalmente presente para o discurso do seu cliente, você pode deixar de se apegar literalmente ao que ele está dizendo, e buscar no discurso dele um elemento que você possa trabalhar, como no exemplo anterior do cliente que queria abrir uma loja. No começo, você não irá detectar tudo, ou os elementos podem passar batido, sem que você note.

Mas seu coachee tem um objetivo. Cada sessão tem que dar um passo importante em direção a ele. Dê foco nisso e tente relacionar o relato do seu cliente com o objetivo final. Busque no discurso dele os impedimentos, os incômodos em relação ao objetivo. O inconsciente dele está se comunicando com o seu a todo momento. Ele quer mudar, por isso está ali. Ele vai te dar material o tempo todo.

Se estiver inseguro em pontuar esses elementos para o cliente, não precisa fazer. Mas anote-os para ver se eles se repetem, e para provar a si mesmo que suas observações estavam corretas. Então você terá mais segurança para fazer uma intervenção na fala do coachee e direcionar a conversa.

Pequenas intervenções já podem fazer efeito. Por exemplo, o cliente está reclamando muito do chefe e o objetivo dele é trocar de emprego. Todos os dados sobre o chefe, as queixas e reclamações não importam para você como coach. Você já sabe que ele quer trocar de emprego porque o atual está ruim pra ele. O que ele faz é ficar te provando o quanto ele está certo em querer sair de lá quando usa uma sessão para reclamar do chefe. Como se precisasse da sua aprovação. Se você notar isso, pode dizer a ele que ele parece querer juntar mais motivos para sair do emprego, e discutir o quanto isso é ou não produtivo, já que ele está fazendo coaching para trocar de emprego. Errado seria você entrar na conversa dele, falar sobre o chefe, querer saber mais sobre as coisas horríveis que ele faz e vocês dois montarem um julgamento sobre esta pessoa. Isso quem faz é a família e os amigos. O coach não entra nisso, ele desvia o foco do chefe para o motivo real do cliente estar falando dele. Se ele cometer um ato falho, dizendo meu pai ao invés de meu chefe, você pode interromper e dizer: "Você disse que é seu pai?", ou "Quem mesmo que faz isso?". Ao trazer à tona o ato falho inconsciente e devolve-lo para o cliente, você já causará, mesmo que ele negue, um clareamento de uma situação familiar relacionada.

Como coach, você deve pontuar isso?

Não, mas se o cliente estiver aberto a fazer essa relação, ele mesmo vai comparar o chefe com o pai e te trazer elementos.

Você não vai analisar, mas pode levantar uma questão para ele: "Como você sabe que em outra empresa não vai encontrar chefes assim?".

Aproveitando o mesmo exemplo, o que pode acontecer:

- Você começa a orientar seu cliente para que as atitudes do chefe percam a importância.
- Ele consegue minimizar a importância do chefe:

- Se o chefe era o motivo principal para a troca de emprego, ele vai desistir de trocar e terá um relacionamento melhor com seu trabalho.
- Se o chefe era apenas um dos motivos, mas não principal, ele conseguirá lidar com pessoas como ele em qualquer outra empresa. Talvez esse receio inconsciente de sempre se deparar com um "pai" corporativo o impedisse de conseguir outra oportunidade, e é provável que, ao perder esse "medo" inconsciente, ele consiga outra posição mais rápido. Isso porque essa troca de informações inconscientes acontece na entrevista de emprego, e porque sempre há um auto boicote quando não temos algo bem resolvido. Ele pode ter tido, até esse momento, comportamentos que o fizeram perder as vagas durante as seleções. Com esta questão minimizada, ele terá mais confiança de que conseguirá lidar com qualquer chefe parecido com seu pai. E transmitirá essa confiança ao selecionador.

Capítulo XII: Terapia Cognitivo Comportamental

Criada pelo dr. Aaron Beck na década de 60, a terapia cognitiva mostrou, através de estudos empíricos, a desconfirmação do modelo psicanalítico de depressão. Beck propôs um novo modelo em que a cognição, e não a emoção, seria o fator central da depressão.

Acreditamos que as situações nos causam emoções. A TCC mostra que entre a situação e a emoções que ela desencadeia, acontecem pensamentos.

Ela pode ser esquematizada assim:

Situações - levam a Pensamentos Automáticos - levam a Reações

As Reações podem ser:
- Emoções
- Comportamentos
- Respostas fisiológicas

Os pensamentos automáticos surgem em nossa mente involuntariamente, e podem vir em frases ou imagens. Eles podem ser tão rápidos que não nos damos conta deles.

Pessoas com dificuldades ou transtornos psicológicos tendem a ter pensamentos disfuncionais, que vão levar a reações disfuncionais, ou seja, reações exageradas e fora de contexto.

Essas reações pioram ou, no mínimo, mantém o transtorno na pessoa. Elas alimentam o transtorno. Geralmente, não notamos o pensamento automático, seja normal ou disfuncional, mas notamos o resultado deles, ou as reações. Uma taquicardia, uma irritação ou um mau trato a alguém, aparentemente sem explicação ou justificativa, são exemplos destas reações.

A TCC, baseada neste modelo cognitivo, vai ajudar a pessoa a prestar atenção a seus pensamentos. Ela vai:
- Identificar os pensamentos
- Avaliá-los
- Responder a eles de forma mais saudável

Para isso, a TCC vai utilizar de várias técnicas de terapia comportamental, como o psicodrama, por exemplo.

Ela pode tratar transtornos de ansiedade e até ser uma alternativa para doenças mentais, pois ela traz mais qualidade de vida e de relacionamentos.

A intenção é fazer com que o cliente aprenda a lidar com os pensamentos disfuncionais, agindo neles como seu auto terapeuta.

Diferença entre pensamentos e emoções

Pensamentos são ideias, são expressos em frases, como "não sei fazer isso", "só consigo aprender assim". Eles se parecem com o que nós, no coaching, chamamos de crenças. Muitos deles são as crenças limitantes.

As emoções podem ser expressas por uma palavra, como triste, alegre, irritado.

Essa diferença é importante porque, geralmente, quando perguntamos a um cliente como ele se sentiu em relação a algo, ele responde com um pensamento. Precisamos levá-lo ao campo das emoções para conseguirmos uma resposta mais assertiva para o que estamos trabalhando.

Dessa forma, começamos a ensinar ao cliente esta diferença, que fará parte a identificação e análise de seus pensamentos e emoções.

Os pensamentos automáticos pode aparecer de diversas formas:
- No momento do evento
- Lembrando-se de eventos passados
- Pensando sobre o futuro
- No julgamento do modelo cognitivo, pensamentos automáticos que surgem a partir de reações de outro evento. Por exemplo, um evento causou raiva nela, e a partir desta raiva, agora vista como um novo evento, ela tem pensamentos automáticos de incompetência.

Crenças nucleares

Crenças são o entendimento mais básico que a pessoa tem sobre ela mesma, sobre o mundo e sobre o futuro.

Elas podem ser boas e nos impulsionam para fazer coisas produtivas que não faríamos se elas não existissem.

Mas quando são disfuncionais, nos impedem de desenvolver algum aspecto ou de resolver alguma necessidade.

As crenças disfuncionais são negativas, rígidas e generalizantes, ou seja, parecem uma lei que pode ser aplicada a quase qualquer situação. Por exemplo, se acreditamos que trabalhar é chato, qualquer coisa que relacionada a trabalho vai nos dar a sensação de aborrecimento, mesmo que a atividade em si seja prazerosa.

Elas se formam durante nosso desenvolvimento, através do que vemos nossos pais e familiares fazerem e falarem. Vimos como funciona a resolução do Édipo no inconsciente, e é de acordo com o que observamos do mundo externo que fazemos nossas interpretações das coisas, que tornam-se nossas crenças.

A forma como interpretamos experiências gerais, nossas e de outras pessoas, e a cultura social na qual estamos inseridos também formam nossas crenças.

São as crenças que geram nossos pensamentos automáticos. Por isso, cada pessoa reage de forma diferente a eventos iguais.

As crenças disfuncionais causam sofrimento. Então, criamos suposições, regras e estratégias compensatórias para lidar com elas e evitar o que acreditamos ser ruim.

Por exemplo, se eu acreditar que trabalhar é chato e cansativo, vou me aborrecer em trabalhar. Ao mesmo tempo, tenho uma crença positiva de que sou inteligente e capaz. Se a crença de que trabalhar é chato for mais forte, posso ser um funcionário medíocre, ou sequer trabalhar em qualquer coisa, para evitar o aborrecimento. Se eu ficar na mediocridade, ninguém saberá que sou inteligente e capaz, e não me darão mais trabalho.

Se eu acreditar que sou um fracassado e minha imagem tiver uma grande importância para mim, vou tender a ser perfeccionista, pois cuidando exageradamente de todos os detalhes, eu minimizo as chances de fracassar, e ninguém saberá que sou fracassado.

Se eu tenho a crença de que sou frágil e vulnerável, minhas suposições e regras serão evitar me relacionar

com outras pessoas. Minha estratégia compensatória será fugir de convívio social o máximo possível, ainda que eu perca grandes chances de desenvolvimento com isso.
As crenças podem ser divididas em três categorias ou esquemas:

Desamparo - incapacidade e vulnerabilidade. A pessoa não acredita que faça nada direito ou bem feito, que é frágil, fraca, e se compara sempre como pior que os outros. Complexos de superioridade ou inferioridade vêm deste tipo de crença.

Desamor - dificuldade em receber amor. A pessoa acredita que há algo nela que dificulta a recepção de afeto. Pensam que não se encaixam no âmbito social, que não são interessantes, amáveis e que a maioria das pessoas tende a não gostar delas.

Desvalor - moralmente ruim. A pessoa pensa que há algo nela inaceitável. Ela se sente ruim, nociva, perigosa, má influência para os outros.

A TCC vai trabalhar diretamente sobre as crenças nucleares negativas, através dos pensamentos automáticos.
Para isso, ela faz uma reestruturação cognitiva, ou seja, discute a validade daquele pensamento automático. Chamamos de questionamento socrático, baseado no filósofo grego Sócrates. Sócrates acreditava que todo ser humano contém as respostas para todas as perguntas do universo, mas não sabe acessá-las. Quando questionado sobre qualquer assunto, ele devolvia a pergunta à

pessoa, e desenvolvia uma série de questionamentos que a levava a chegar às próprias conclusões.

Vemos que Sócrates foi o primeiro coach da História.

Então, quando o cliente vem com um pensamento automático ligado a uma crença negativa, o terapeuta devolve a ele o problema com perguntas, para que o próprio paciente chegue a conclusões sobre seu comportamento. Ao questionar a validade das crenças, a pessoa se dá conta de que não há base lógica para sua existência, e ela tende a diminuir ou sumir. Claro que isso depende do quanto ela é importante e do quanto a pessoa a usa como fuga ou desculpa para os fatos da vida. Mas, ao confrontar o paciente com sua própria lógica, ao destruir e reestruturar um pensamento, estamos enfraquecendo a crença.

Ela começa a perder suas regras e deixar de ser tão generalizada. Começamos a abrir brechas na "teoria" que a sustenta, não com nossa lógica e nosso conteúdo, mas com o conteúdo do próprio coachee. Se a conclusão vem dele, ele não pode negar.

Depois, discutimos com o cliente pensamentos alternativos para a mesma situação, de forma a levá-lo a buscar outros tipos de reações.

Num processo de coaching, é importante, ao mexer com crenças, que você coloque seu coachee em situações experimentais, que tenham um teor mais leve. Como o treino em que falamos no capítulo sobre zona de conforto.

Por exemplo, um cliente acredita que não consegue mandar nas pessoas, que não é um bom líder. E ele acaba de ser promovido para um cargo de liderança. Ao quebrar a crença de que ele não é um bom líder, e ao descobrir com ele pensamentos alternativos para este problema, você precisa pedir que ele aplique na prática.

É importante para o coach estar sempre atento ao discurso geral do cliente para poder indicar este tipo de treino. Já realizei muito coachings de liderança dando como treino coisas até mais difíceis do que liderar sua equipe de trabalho, como se impor a seus amigos e familiares. Para a maioria das pessoas, liderar é igual em qualquer nível ou situação. Se dominar as crianças em casa, conseguirá ganhar o respeito da equipe no trabalho. Nem todas as pessoas são assim, conheço chefes muito rígidos que deixam os filhos subirem em suas cabeças. Mas percebo que este estilo de liderança é disfuncional, e eventualmente causará problemas. Se a pessoa encontra um equilíbrio na liderança, se ela aprende a inspirar e ser exemplo, ela acaba agindo, mudando, tanto em casa quanto no trabalho. Mas, acima de tudo, treinamos a pessoa para liderar a si mesma. A cumprir com os compromissos consigo mesma primeiro, para depois poder liderar os outros.

Por isso, usamos o treino, a situação experimental. Seu cérebro reage igual para estímulos iguais, não leva em conta o ambiente em si.

A TCC costuma estabelecer as metas do tratamento. Não só porque o paciente está lá, mas também com o que ele quer sair de lá. Ele define com o analista metas específicas.

Isto torna a TCC muito parecida com o coaching. É uma técnica de terapia, por isso será mais longa e aprofundada, e trará benefícios de cura, eventualmente. Mas ela trabalha diretamente na prática do comportamento.

Ao receber um coachee, pergunte se ele faz terapia. Se ele fizer terapia cognitivo comportamental, não é recomendável que ele faça o coaching concomitantemente. Porque o terapeuta vai mexer em níveis muito parecidos, e se os objetivos e abordagens seus e dele forem diferentes, o cliente pode ficar confuso. E com um acúmulo de tarefas e mudanças para fazer.
Se a terapia tiver um viés psicanalítico, a combinação com o coaching é muito produtiva. Enquanto ela trata de problemas emocionais profundos, vai costurando novas atitudes com o coaching, mais prático.

Capítulo XIII: Behaviorismo

Qualquer pessoa pode ser treinada para fazer qualquer coisa. Através do estudo de condicionamentos comportamentais, segundo John Broadus Watson, o psicólogo desenvolvedor do behaviorismo, podemos treinar qualquer um a fazer qualquer coisa.
Para nosso trabalho como coaches, entender um pouco desta teoria e desta técnica pode ajudar nossos clientes a criarem condicionamentos para o alcance de seus objetivos.

Essa teoria é totalmente diferente da psicanálise, ela vai ter foco direto no comportamento final, no S/R (estímulo e resposta), e não nas causas profundas psicológicas deste comportamento. O objetivo não é "curar" ou entender as raízes da sua extrema falta de organização, por exemplo, mas sim condicionar você a ser mais organizado.

Respondemos ao ambiente depois de sofrermos algum estímulo. Temos reações, respostas, após passarmos por situações e eventos.
Quando nossa reação é impulsiva, dizemos que a escolha foi inconsciente. Como reagir a um assalto, por exemplo. Se você não é policial e não tem treino para esta situação, agredir ou tentar fugir do ladrão será muito arriscado, mas vemos que as pessoas reagem impulsivamente a isso, até se arrependendo depois. Mas a escolha do comportamento ou resposta àquilo foi inconsciente.

Quando a reação é reflexiva, dizemos que a escolha foi consciente. Pensamos e escolhemos a forma que julgamos ser melhor para reagir a um determinado momento.

Os cães de Pavlov

Pavlov foi um médico russo que fez experimentos para fazer cães salivarem sem haver comida por perto.

Ele tocava um sino um pouco antes de alimentar os cães. Fez isso diversas vezes (o número de vezes variava de acordo com o cão experimentado), até que o cão tivesse conectado o barulho do sino ao fato de ter comida. Depois que esta conexão era feita, ele tocava o sino e os cães salivavam, mesmo que não houvesse comida alguma por perto.

Se ele mantivesse o barulho do sino por algumas vezes consecutivas sem apresentar comida ao cão, este deixava de salivar, perdendo o comportamento antes vinculado.

A novidade observada neste experimento foram os reflexos condicionados. Nós já nascemos com reflexos naturais de proteção, como fechar os olhos, correr, reagir a situações de perigo, ter tensão muscular. Mas ele provou que reflexos podem ser criados do nada, como no experimento com os cães, que salivavam ao ouvir um sino. Não há aparente lógica, nem havia cheiro de comida ou outro estímulo ali. Mas o cérebro deles associou um som ao alimento.

Pavlov entendeu que este tipo de condicionamento poderia ser a base do comportamento humano, e seus distúrbios também.

Como comentamos anteriormente sobre hipnose, acabamos descobrindo que a causa de traumas e fobias foram associações deste tipo, aparentemente sem lógica ou conexão alguma. Mas depois de uma investigação terapêutica, descobre-se que houve um estímulo coincidente associado à situação vivida.

Um exemplo de que nos condicionamos sem querer o tempo todo: quando ouvimos uma música específica, ou sentimos um perfume específico e aquilo nos remete a sentimentos, lembranças e até sensações de experiências anteriores. Não estamos lá, as pessoas não estão, o ambiente é totalmente diferente, mas o estímulo nos leva para aquele momento. E desta mesma forma, se ouvirmos muito a música do estímulo, ou usarmos muito o perfume, eles provavelmente perderão seu "poder" de evocar estes estados e lembranças com o tempo. Ou podem começar a ser associados a outros ambientes e situações.

Watson e Little Albert
John B. Watson foi mais além em seus experimentos e utilizou como cobaia um bebê de 11 meses chamado Albert. Ele apresentou um rato de laboratório ao bebê e deixou que os dois interagissem. O bebê não mostrou medo, e brincou com o rato. Nas vezes seguintes, ele inseriu um estímulo ruim, começou a bater em um ferro, fazendo um barulho estrondoso cada vez que o rato era colocado perto da criança. O medo, o susto, foi associado ao rato. O bebê começou a ficar com medo do rato. E não só do rato, mas de qualquer outro animal ou coisa com pêlos brancos, inclusive casacos de pele.

A conclusão é que um estímulo pode mudar o teor do sentimento ou sensação relacionados a um objeto, mesmo que este fosse conhecido anteriormente.

Claro que um experimento como esses não seria admitido hoje. Isso foi realizado em 1920 e já foi considerado controverso na época.

Skinner

Burrhus Frederic Skinner foi um autor e psicólogo americano que propôs a teoria do behaviorismo radical.

Ele fez experimentos com reforços positivos e negativos, e com punição.

É dele a caixa que utilizamos no curso de psicologia para ensinar um rato a baixar uma alavanca para beber água.

Como condicionamos um rato, privado de água por 24 horas, a pressionar uma barra dentro da gaiola que levantará uma colherzinha com água por um orifício na base da caixa?

O rato é colocado na caixa, e começa a explorá-la. Quando ele chega perto da barra, subimos a colher com água. Deixamos que ele descubra a colher ali. Depois que ele bebe, descemos a colher. Quando ele volta para o lugar onde a colher estava, damos água novamente. Quando ele está condicionado a ficar ali, paramos de dar água. Por iniciativa própria, ele começa a explorar aquela região da caixa. E quando ele se aproxima da barra, cheira, por exemplo, entregamos água na colher novamente. Quando ele aprende que cheirar a barra traz água, paramos de dar. Em algum momento, variável para cada rato, ele vai ficar em pé próximo à barra. Então, damos água novamente. Vamos fazendo isso até que ele coloque as patas sobre a barra. Mesmo que não a pressione, damos a água. Depois paramos, para que ele, ainda por investigação própria, descubra que deve fazer uma pressão na barra, e que isso trará a colher com água no chão da gaiola. A partir daí, ele está condicionado e terá controle do quanto de água quer beber.

O condicionamento acontece com todos os ratos do laboratório, cada um a seu tempo. Mas note que temos que aguardar a iniciativa dele de fazer um movimento em direção à barra para então recompensá-lo. Temos que aguardar o tempo dele em descobrir o lado da gaiola, a colher com água, a barra e o movimento de pressionar a barra. Como trata-se de um rato, não tem como contar pra ele que ele deve abaixar a barra e ela vai erguer uma colher com água no buraco no chão da gaiola. Se pudéssemos contar, e com a inteligência e memória limitadas do rato, provavelmente, no segundo dia do experimento, ele teria esquecido, e teríamos que falar novamente como fazer. Mas como parte do aprendizado veio de comportamentos dele primeiro, a atividade de baixar a barra só será esquecida ou deixada de lado quando não tiver mais água ali por muito tempo, e ele desista de voltar a apertar a barra.

Comparando conosco, e com o que fazemos no coaching, podemos dizer que nossos clientes precisam procurar o lugar certo dentro da gaiola, depois descobrir a colher, a barra, e então aprender a apertá-la. Temos que ter paciência, levá-lo com perguntas, até que ele encontre suas respostas, porque as respostas que ele mesmo encontrar não serão esquecidas.

A diferença primordial, além de estarmos comparando um rato com uma pessoa, é no experimento de Skinner, sabemos exatamente o que o rato tem que fazer. No caso do nosso cliente, não sabemos. Podemos achar que sim, mas muitas vezes vamos perceber que as resoluções que saem dele nem sempre são o que imaginávamos como a melhor opção no começo, mas que são a melhor opção para aquela pessoa naquele momento.

Então, reforçando, abster-se de dar sua opinião é importante por dois motivos básicos:

- Quando ele descobre sozinho, ele incorpora o comportamento e não esquece mais.
- O que ele descobre sozinho pode ser muito diferente e muito melhor do que nossas opiniões iniciais.

Skinner também descobriu que os reforços positivos fixam mais eficientemente os comportamentos do que os negativos. A busca por prazer, seja ele qual for, tem mais força e mais ímpeto do que evitar a dor.

Então, não tenha medo de apoiar seu cliente em decisões dolorosas e arriscadas, se ele achar que deve tomá-las. A busca dele por seus objetivos trará uma satisfação muito maior do que a dor colateral que ele sentirá no processo.

Trabalhe com ele com a ideia de mapear as possíveis consequências da decisão em questão, listando todos os prós e contras. Assim, ele poderá desenvolver um plano para cada uma delas, baixando a ansiedade.

Skinner levou os experimentos para serem usados em crianças, para modelar comportamentos. Foi muito criticado, por comparar crianças com ratos, e por ter uma observação do ser humano como um ser totalmente moldável. Mas ele, obviamente, levava em consideração os aspectos humanos e toda sua complexidade. Veja esta colocação dele, que muito se aplica ao nosso conceito de coaching:

"O autoconhecimento tem um valor especial para o próprio indivíduo. Uma pessoa que se tornou consciente de si mesma por meio de perguntas que lhe foram feitas, está em melhor posição de prever e controlar seu próprio comportamento".

Capítulo XIV: Gestalt-terapia

A Gestalt-terapia é uma das abordagens do pensamento humanista. O pensamento humanista questiona que o ser humano não é assim tão modulável como diz o Behaviorismo, e nem tão determinista, como diz a psicanálise, que expressa basicamente que todo desejo recalcado vai ter um sintoma.

As principais características:

- Trabalhar o presente. O passado é levado em conta apenas para entender o que ainda faz sentido hoje, que sentimentos traz e que função tem.

- Entender que um comportamento disfuncional tem uma função na vida atual. Não tratar diretamente a causa, mas para que serve este comportamento hoje para o paciente.

- Foco na ampliação da consciência de como o paciente interpreta o mundo. A partir daí, abrir um leque de atuação, dando mais opções além do comportamento disfuncional.

- Responsabilizar o paciente. Trabalhar de forma que ele entenda que está no controle do que fazer com suas experiências anteriores.

- A existência precede a essência. Primeiro eu existo para depois construir a minha essência. Não há prisões a rótulos e há o entendimento de que todos os aspectos comportamentais vêm das atitudes. Por exemplo, uma pessoa tímida não é obrigada a ficar de canto em uma festa. Se ela ficar de canto em uma festa, se ela tiver uma atitude de exclusão, ela será considerada tímida. O rótulo veio a partir das atitudes dela, e ele pode mudar à medida que ela muda suas atitudes. Não há essência fixa e rígida, há possibilidade de construção de novo comportamentos.

As atividades de figura e fundo são muito utilizadas nesta abordagem, pois a intenção é não só interpretar a figura que salta aos olhos primeiro, mas mostrar como uma mesma coisa pode ser vista e analisada de outras formas. Apresenta-se uma imagem, que dependendo do que você considera figura, ou fundo, ela pode ter dois desenhos diferentes. A mais famosa é a da moça e da velha.

É um exercício de percepção de situações e de ampliação de pontos de vista.

A terapia não tem contraindicações. Pode ser usada com crianças, grupos, casais, pessoas com transtornos mentais, etc.

O trabalho envolve muito a consciência do momento presente com o paciente. O presente é o ponto de partida. Se compararmos superficialmente com o coaching, há proximidade em alguns aspectos, como o foco no presente, ampliação de visão de possibilidades e a responsabilização.

A Gestalt-terapia também oferece ao paciente descobrir coisas sobre si mesmo, ao invés do terapeuta oferecer uma explicação. Ela acredita que fazer interpretações priva o paciente de conhecer a si mesmo e mostra que o terapeuta o conhece melhor. Observa-se mais o não verbal do que exatamente o que o paciente está dizendo, porque as chances de mentir são muito menores, ou quase nulas.

Por ter uma forma de abordagem com objetivos parecidos com o coaching, vamos entender melhor este tipo de terapia.

Fritz Perls é o fundador da Gestalt-terapia e sua abordagem se apoia nestas escolas de pensamento:
- Fenomenologia
- Existencialismo
- Humanismo
- Psicologia da Gestalt
- Teoria de Campo
- Teoria organísmica

FENOMENOLOGIA

Ela estuda fenômenos, e chama assim qualquer coisa que acontece. No âmbito do pensamento, ela entende que todo ato mental incorpora algo de fora de si. Para ver, ouvir ou ter consciência, precisamos de algo. Algo para ver, para ouvir ou ter consciência sobre. Nosso atos mentais estão sempre relacionados a alguma coisa, algo que aparece, ou seja, a algum fenômeno. Estão com intencionalidade, ou seja com interesse e direcionamento para alguma coisa.

Como temos nossas experiências próprias, nossa consciência pode interpretar algo à sua maneira, e a fenomenologia busca limpar nossa mente dessas concepções e ver a coisa como ela se mostra, e não com conceitos nossos.

O papel do terapeuta é enxergar o mundo do cliente tal como ele se mostra, sem interpretações ou busca do passado, se este não se apresentou no presente. O terapeuta preocupa-se com o aqui e o agora, e não pergunta por que, mas sim o quê e como. O que é dificuldade e como ela se apresenta.

Ele ajuda o cliente a compreender-se sem prejulgamentos e sem suposições, com intenção de tomar consciência de si mesmo. Ver essência das coisas, sem valores e preconceitos.

Esta tomada de consciência é chama Awareness. Isso quer dizer que, ao tirar o passado, o que devia ter sido, o que era, e ao tirar as expectativas, o que será, como seria, e limpar todo o cenário, o cliente consegue se ver realmente como está no presente. Do que ele tem consciência agora? É difícil estar no presente, as pessoas geralmente fogem dele, e sabemos que trazer ao presente é uma parte importante do coaching, assim como tirar as contaminações. Para isso, é importante que nós, como coaches, saibamos, tenhamos consciência do agora também.

As crianças estão em total awereness, o tempo todo.

Saber como o cliente está experimentando o mundo é o objetivo da fenomenologia.

Existencialismo

Com bases na filosofia, o existencialismo busca saber a natureza da natureza humana e o que significa ser um indivíduo.

"A existência precede a essência". Como demos um exemplo rápido anteriormente, o ser humano não nasce pré-determinado e pode ser o que e como quiser.

As circunstancias externas influenciam o que somos, mas não determinam. Como dizia Sartre: "O importante não é aquilo que fazem de nós, mas o que nós fazemos do que os outros fizeram de nós".

Há sempre uma margem de liberdade. Pessoas diferentes agem de formas diferentes em situações iguais. Anthony Robins conta a história de dois irmãos em seu livro "Desperte seu gigante interior". O pai era traficante e ficou boa parte da vida na prisão. Um dos filhos se formou em Direito e atuava como advogado, e o outro virou traficante e estava preso. Quando perguntaram a ambos como chegaram àqueles pontos em suas vidas, eles deram exatamente a mesma resposta: "Com o que passei com meu pai, eu só poderia ir por este caminho mesmo".

Para o terapeuta, o cliente tem a última palavra sobre si mesmo. Ele é um ser concreto, individual e único.

Na terapia, o cliente é levado a assumir sua liberdade de forma responsável, e a conhecer-se profundamente. Ele é levado a conviver com o mundo com o que ele tem de genuinamente específico.

O princípio existencialista entende que o ser humano nunca está acabado, mas em constante construção através de suas escolhas, realizadas todos os dias, o tempo todo. Essa construção constante traz a importância do aqui e agora, estamos sempre existindo.

O terapeuta fará a ponte entre o desejo do cliente e sua concretização, dando sua "consultoria", mas deixando que o cliente seja o arquiteto de seu próprio projeto.

Mais um ponto em concordância com o coaching, em que deixamos o cliente livre e fazemos com ele a ponte, os planos.

O importante é termos plena consciência de que devemos deixar o cliente mais como ele mesmo, e não como nós queremos.

Humanismo

Uma pessoa não pode ser reduzida a uma ou outra característica sua. Por mais que eu goste dos testes de comportamento e personalidade, e ache-os muito úteis para o processo de coaching, é necessário entender que os resultados são caminhos tomados pelo cliente, e não determinam como ele é, mas como ele está sendo.

O ser humano é simbólico, tem valores únicos e pode definir os próprios propósitos. A linha humanista diz que o ser humano é naturalmente bom e, desde que seja livre, fará o que é bom para si e para os demais.

A terapia, então, verá o paciente como um ser naturalmente positivo, e com capacidade de auto-gestão.

O foco é a valorização do humano com o que há de positivo e potencial.

Assim como no coaching, o foco nunca é no negativo, no que não se consegue fazer ou no que não se compreende, mas nas qualidades e capacidades.

Não há desprezo dos problemas e dificuldades, mas sempre se procura fazer uma ponte com o positivo para que ele tome posse de sua vida.

Segundo uma das leis Herméticas, tudo é duplo, e os opostos só diferem em grau. Extrair algo positivo de um fato negativo só é, portanto, levar o fato ao outro polo. Uma demissão não é só rejeição e perda de renda. Ela também é um resultado com o qual o cliente precisa aprender, e abre um leque de possibilidades profissionais para as quais ele jamais olharia.

Psicologia da Gestalt

O fundamento básico desta abordagem é o de que nós percebemos a totalidade. Ao vermos um quadro, vemos o que ele significa primeiro, e não os detalhes pequenos, as pequenas formas e cores separadamente. Uma música também não é ouvida nota a nota, instrumento a instrumento separadamente, mas como um todo. Este todo percebido, esta configuração que surge a partir da combinação dos elementos, é a Gestalt.

Nossa experiência consciente está sempre em busca da totalidade nas coisas, sempre em busca da Gestalt.

Nas imagens de figura e fundo, como comentado anteriormente, dependendo do ponto de vista, é possível ver uma ou outra figura em um mesmo desenho, dependendo do que eu considero como figura, e do que considero como fundo.

Na terapia, o fundo corresponde à história do paciente, seu contexto, pensamentos, sentimentos. A dificuldade que ele vem tratar é a figura. O fundo é tão importante quanto a figura, e um não existe sem o outro. Na filosofia, vemos que "a consciência vem do contraste". Não sabemos se há claro sem o escuro, ou o barulho sem o silêncio. Não sabemos que há uma dificuldade sem situações que a mostrem. Não sabemos o que é tranquilidade, sem conhecermos a dificuldade.

Nem sempre é possível para o terapeuta ou para o paciente definirem estes limites de figura e fundo. E às vezes elas podem trocar de lado. O paciente pode chegar com uma queixa (figura), e depois perceber que outra coisa que o levou a ter a queixa (fundo), é que precisa ser tratado. Aí, o fundo se torna figura.

Lei da Pregnância

Nossa experiência psicológica sempre será tão BOA quanto as circunstâncias o permitirem. E definimos BOA como: organizada, simétrica, simples e regular.

Isso quer dizer que nossas experiências estão sempre cheias de significado, cheias de organização e completude.

Nossa percepção tende a juntar coisas de forma que façam sentido, e sejam o mais simples e organizadas possível.

Por isso, nos incomodamos com situações inacabadas ou pendentes.

A partir desta lei, seguimos para o Ajustamento Criativo. O ser humano tem capacidade de se ajustar de acordo com a circunstância e situação, conforme suas possibilidades.

Na Gestalt-terapia são usados estes princípios. Vendo que toda experiência é a melhor possível, e que é carregada de significados, a análise não pode ser desvinculada destes ajustes.

Teoria de Campo

Kurt Lewin foi um psicólogo alemão pioneiro na psicologia social e organizacional, que se dedicou ao estudo da motivação humana. Ele explica o comportamento do indivíduo com base no seu campo de influências sociais. As relações entre o indivíduo e o meio se refletem em seu comportamento, seja na empresa, na família ou em qualquer ambiente. Sem o ambiente adequado, seu trabalho ou seu desempenho não pode ser dos melhores.

O comportamento do paciente em Gestalt-terapia precisa ser entendido dentro deste campo de influências. Qualquer acontecimento é resultante de uma multidão de fatores externos, por isso o paciente precisa ser visto como um todo.

E, da mesma forma que o mundo externo nos afeta, nós também o afetamos, e esta interação é constante e dinâmica.

A atenção a estes fatores de influência viva e constante é uma das vertentes da Gestalt-terapia.

Teoria Organísmica

Kurt Goldstein foi um neurologista e psiquiatra alemão, e criou a teoria holística do organismo. Ele estudou soldados lesionados após a Primeira Guerra Mundial. Percebeu que as lesões cerebrais mudavam mais do que as funções motoras dos soldados. Mudavam também suas relações, atitudes e interações no mundo. Os soldados se reorganizavam como um todo diante de sua nova realidade física. Este todo estrutural refere-se ao organismo, daí o nome da teoria.

Goldstein percebeu que o organismo era regulado por uma lei, de auto regulação. O organismo tem uma tendência a se auto atualizar de acordo com as mudanças, sempre buscando a homeostase, o equilíbrio.

Mas isso ocorre não necessariamente só com mudanças fisiológicas, e sim com todas as experiências vividas.

É a relação contínua do ser-no-mundo. A interação entre o indivíduo e o mundo é levada em conta na Gestalt-terapia. Não se leva em conta somente o paciente no momento da sessão, mas o mundo à volta dele, e as mudanças que ocorrem por interferência deste mundo.

A diferença da teoria de campo, que leva em conta as influências do ambiente no indivíduo, é que, na teoria organísmica, Goldstein pensou na adequação do indivíduo diante das experiências e mudanças constantes que ele sofre.

Por isso, quando atendemos um coaching de carreira, por exemplo, não podemos dissociar que ele tem uma vida pessoal, que seus objetivos refletem ou têm raízes na melhora da vida familiar e psíquica também.

Esta teoria vai amarrar os outros pontos da Gestalt-terapia, de forma que o homem interage e reage ao mundo de forma constante, e também se auto regula, de acordo com ele.

Capítulo XV: Efeito Halo: Acontece com você

Edward Thorndike foi um psicólogo americano que criou o termo Efeito Halo para explicar pré-julgamentos e tendências de opiniões.

Ele explicou que as pessoas julgam, avaliam e tiram conclusões sobre outras com pouca informação ou a partir de uma ou duas características, apenas. E tendem a enquadrar o indivíduo julgado em estereótipos, traçando todo o seu perfil.

Durante a Primeira Guerra, Thorndike queria entender os critérios de avaliação que os comandantes aplicavam nos soldados.

Pediu a oficiais do exército que classificassem seus soldados segundo diferentes características: inteligência, físico, liderança, caráter, e assim por diante. Thorndike ficou impressionado com os resultados. Alguns homens, considerados "soldados superiores", obtinham notas elevadas em praticamente todos os quesitos. Os demais eram considerados abaixo da média. Era como se os oficiais imaginassem que um soldado de boa aparência e postura deveria também ser capaz de atirar direito, engraxar bem as botas e tocar gaita. Thorndike batizou isso de "Efeito Aura", ou Halo Effect.

Este efeito faz com que a primeira impressão que temos de uma pessoa determine as seguintes, influenciando nossa opinião geral.

Professores ao corrigirem provas dissertativas ficam muito suscetíveis a este efeito. Dependendo da qualidade da primeira resposta da prova, eles tendem a julgar as questões restantes da mesma forma. Então, se um aluno foi muito bem na primeira resposta, o professor fica tendencioso a ter uma opinião melhor conforme vai lendo as outras questões. E este aluno tende a ter uma boa nota, mesmo que somente sua primeira resposta tenha sido realmente muito boa. O contrário também é verdadeiro. Uma dica é que se corrija todas as questões número um primeiro, depois todas as número dois, e assim por diante. Desta forma, ele não terá a tendência pessoal a fazer concessões.

Por isso, a primeira sessão do coaching precisa ser muito boa. Muito objetiva, com perguntas claras e busca de respostas claras. O cliente vai sentir que você o está fazendo pensar.

Também é importante prestar atenção aos relatos dele, principalmente em relação a crenças limitantes. Elas crescem e tornam-se impedimentos, em grande parte, por este efeito. O efeito Halo funciona não só para pessoas, mas para situações. Se o coachee tem uma opinião sobre si mesmo ou sobre determinado assunto, ele tenderá a estender esta opinião, generalizando. Por exemplo, você percebe que ele tem muita vontade de empreender, não se sente capaz, e pode ter contratado o coaching para conseguir fazer isso. Investigando mais a fundo, ele te conta que na família dele, todos os que empreenderam, fracassaram, e os parentes que estão bem financeiramente, são funcionários públicos.

Neste caso, você precisa quebrar esta crença, e pode acrescentar a explicação de que o efeito Halo está funcionando nela. Mostrando esta teoria, ele poderá entender que o que ele acredita é mais um truque ou uma tendência cerebral, que não tem relação com a realidade. Ele pegou alguns conceitos e generalizou. Um empreendedor pode ser dar tão bem com seu pequeno negócio quanto um funcionário público pode viver à beira da falência, mesmo tendo salário garantido.

Capítulo XVI: Plasticidade Cerebral

Epigenética

Estuda a relação entre os gens e o meio externo. Antes, acreditava-se de forma determinante que quando há doenças ou características genéticas, o sujeito estaria fadado a herdá-las.

A epigenética está mostrando que nossas relações sociais modificam a maneira que o nosso material genético se expressa. O que comemos ou se somos sedentários ou ativos, muda a expressão dos gens. Podemos, por escolha, alterar nosso material genético, de acordo com nossos hábitos.

Cérebro

Da mesma forma, nossos hábitos mudam nosso cérebro. Uma pesquisa da OMS mostra que regiões onde se consome mais peixe possuem um índice menor de pessoas com transtornos depressivos.

Imediatamente após uma atividade física, a expressão do cérebro muda de forma favorável, muda a expressão dos gens de maneira epigenética, aumentando a capacidade de regeneração e fazendo com que as células deem o que têm de melhor.

O aprendizado é diretamente afetado, há uma melhora no raciocínio.

Estudar também expõe o cérebro a mudanças estruturais, não só pelo conhecimento ganho.

Música, oração, meditação, cheiro, sons, relacionamentos familiares e sociais, tudo altera o cérebro. Ele é plástico

neste sentido, não é determinado pela hereditariedade ou impossibilitado de mudar ou se refazer.
Ele se modifica e se adapta de acordo com a experiência vivida, seja ela externa ou interna.

Mecanismos:
- Sinapse: a conexão entre neurônios
- Molecular: mudando a expressão dos gens
- Mecanismo de conectividade: rede formada por neurônios, altamente suscetível às experiências de vida
- Neurogênese: síntese de novos neurônios. Os neurônios se regeneram, e se reparam.
Esta produção de neurônios é enviada para as partes do cérebro que são mais necessitadas, onde há demanda, ou uso. Se utilizarmos nosso cérebro em diferentes aspectos, estaremos sempre sendo providos de novos neurônios.
Este é mais um motivo para olharmos o cliente como um todo, e treinarmos para que ele cuide de todos os aspectos da vida.

Verdadeiras redes de neurônios são rearranjadas a cada nova experiência. Novas formas de pensar, sentir e agir promovem mudanças físicas no cérebro. O cérebro pode se acostumar a pensamentos e sentimentos positivos e gerar novas redes neurais que possibilitarão maior cultivo de redes assim. Por isso, um insight ou uma ideia importante têm mais chances de surgir.
As sinapses formam-se a cada experiência, e são fortalecidas cada vez que repetimos a mesma experiência.

Pessoas bilíngues possuem a circunvolução angular esquerda mais desenvolvida, responsável pela linguagem.

Músicos possuem mais desenvolvimento na circunvolução de heschl, parte que recebe os estímulos auditivos.

Taxistas possuem o hipocampo particularmente desenvolvido, pois é uma região importante para a memória espacial.

O cérebro precisa ser usado, estimulado. E podemos manipular seus resultados de acordo com o que fazemos, pensamos e sentimos.

Entendendo isso, é extremamente importante perceber que somos responsáveis por nosso funcionamento cerebral, e que geramos possibilidades, por exemplo, de ter melhores ideias e fazer melhores escolhas que determinam nosso futuro.

Neurociência do Aprendizado
Como vimos na plasticidade cerebral, o cérebro muda a cada experiência. Isso quer dizer que ele muda nossas percepções e comportamentos conforme vai ganhando experiências. Ao mudar, o cérebro faz diferente.

São cerca de 86 bilhões de neurônios. A atividade cerebral é a troca de sinais entre eles, mas eles não estão grudados. A comunicação é feita pelas sinapses, local onde trocam substâncias químicas capazes de emitir sinais.

Aos 12 meses, o bebê tem o dobro de sinapses do cérebro adulto, com o mesmo número de neurônios. Cada grama do cérebro infantil consome até o dobro de energia. Essa explosão de sinapses é o material bruto que será lapidado, selecionado, conforme a criança for crescendo. Esta seleção é feita pelo uso. Conforme essas conexões dão certo e vão sendo repetidas, elas vão sendo selecionadas como importantes. As enfraquecidas, menos utilizadas, vão sumindo.

Essas sinapses reforçadas vão se tornando aprendizados.

Em função da nossa experiência de vida, há este remodelamento cerebral. Dos inúmeros caminhos sinápticos, nossas vivências vão levando a um ou outro, reforçando mais uns do que outros.

A eliminação da sinapses fracas é essencial para o desenvolvimento cerebral. Uma doença chamada Sindrome do X fraco impede essa eliminação, e deixa os indivíduos com o cérebro infantil, cheio de sinapses, mas sem conexões que fazem sentido.

Ou seja, aprender é manter as sinapses corretas, que funcionam e são usadas, e eliminar as que não são.

Este processo de manter e remover é contínuo, e novas sinapses vão surgindo no cérebro durante toda a vida.

Cada neurônio possui uma cauda, chamada axônio, que é o condutor dos impulsos nervosos. Conforme as sinapses vão sendo removidas e fortalecidas, vai se criando uma capa de gordura em volta deles, chamada de mielina. Isso aumenta a velocidade e fidelidade dos impulsos elétricos, podendo chegar a 360 km/h. Quer dizer que um sinal atravessa o cérebro em 2 milésimos de segundo.

Oportunidade, prática e motivação ainda são muito mais importantes para o aprendizado do que outros fatores, como herança genética, por exemplo.

Quando falam sobre as diferenças de aptidões cerebrais entre homens e mulheres, determina-se e espera-se que cada um aja como experiências mostraram. Mas as diferenças são mínimas, e não podem ser consideradas determinantes. O que existe é a expectativa.

Se ensinamos à pessoa que ela vai ter menos noção espacial porque é mulher, ou que não vai conseguir compreender mais de um estímulo ao mesmo tempo porque é homem, o indivíduo testado já fica sugestionado. Isso entra nas crenças dele, e o cérebro responde de acordo.

Como autoridades, os pais, o coach, o psicólogo, o médico, o professor, e tantos outros profissionais, precisam ter muito cuidado ao passar conceitos ou dar definições.

A motivação, a expectativa e a cultura são mais influentes nas capacidades cerebrais, do que a estrutura cerebral em si.

Fatores que contribuem para o aprendizado:

- Atenção e prática: escolher o que praticar, porque não dá tempo de praticar tudo. Dar foco. O tempo todo existem muitos estímulos, mais do que o cérebro pode dar conta. Mas podemos dar atenção a uma coisa só de cada vez. O que fazemos é alternar rapidamente a atenção. A atenção é o filtro que o cérebro usa para decidir qual informação será processada de maneira especial.

- Memória de trabalho: sua base está nos neurônios do córtex pré-frontal. Ela mantém ou evoca eventos que estão ou não estão mais à nossa vista, e só processa o que está na nossa atenção. A atenção filtra onde vai focar, processa na memória de trabalho, e depois pode enviar a informação para outros sistemas de memória.

- Método: saber como fazer, buscar ou descobrir uma forma de realizar. Nem todas as pessoas se adaptam a todos os métodos, o que pode ser fácil para você, pode ser difícil para mim. Por isso, atenção a cada coachee, ele pode precisar de outro método de trabalho, ou de outra abordagem.

- Motivação: fazer questão de melhorar. Depende do retorno positivo, da vontade de melhorar. Também precisa levar em conta a dificuldade, para não ser fácil ou difícil demais. Ela é que gera dedicação.

Quanto mais motivação, mais prática, e quanto mais prática, mais motivação. Assim, o cérebro recebe o reforço necessário na sinapse.

Mas nada disso acontece sem oportunidade. Como eu posso aprender a tocar um instrumento, se não tenho nenhum?

Abrir um leque de oportunidades para as pessoas, crianças e adultos, é dar acesso ao cérebro para mostrar capacidade e talento.

Capítulo XVII: Comunicação não verbal

A comunicação está bem longe de ser só uma troca de palavras. Ela abrange todo o contexto em que está ocorrendo, e forma-se de um conjunto de informações visuais, auditivas e até cinestésicas.

Para nos comunicarmos, seguimos este processo básico:

1 – Uma mensagem precisa ser passada
2 – O transmissor codifica a mensagem
3 – A mensagem codificada é transmitida
4 – A mensagem codificada é recebida
5 – O receptor decodifica a mensagem

O professor do departamento de psicologia da UCLA, Albert Mehrabian, descobriu em seu estudos que somente 7% da comunicação é dada com palavras, o que quer dizer que 93% é dado por outros meios:

7% - Palavras
38% - Tom de voz
55% - Linguagem corporal

Vamos falar de 5 tipos de comunicação não verbal:

1 - Cinésica
2 - Paralinguagem
3 - Proxêmica
4 - Artefactual
5 - Háptica

Cinésica

Cinesiologia é o estudo e interpretação da linguagem corporal. O nome foi dado pelo antropologista Ray Birdwhistell, em 1952. Ele estudou como as pessoas se comunicavam através de posturas, gestos e movimentos. Ele explicou que todos os movimentos possuem significado, nada é acidental ou ao acaso, e que eles poderiam ser lidos como se faz com a linguagem falada.

Então, a cinesiologia observa gestos com as mãos, braços e pernas, expressões faciais e postura corporal.

Paul Ekman e Wallace Friesen identificaram 5 categorias de gestos:

- Emblemas: são substitutos diretos de palavras, como quando mostramos com os dedos algum número.

- Ilustrações: formam o que está sendo dito. Fazer um quadrado com as mãos para ilustrar o que se está falando.

- Mostras de Afeto: mostram emoções, como punhos cerrados, apontar de dedo.

- Reguladores: controlam o fluxo da conversa, como baixar a mão pedindo que a pessoa fale mais baixo.

- Adaptadores: são auto aliviadores de tensão. Esfregar as mãos, esticar os braços.

Quando usado de maneira correta, os gestos reforçam a comunicação, mas se não combinam com as palavras, eles podem confundir e frustrar seu ouvinte.

As expressões faciais são uma rica fonte de informação, pois não podem ser escondidas. Nos comunicamos através das emoções que são traduzidas em nossos rostos. Paul Ekman, psicólogo americano, foi consultor da série Lie to Me. Ele viajou para tribos remotas estudando expressões faciais, para ter certeza de que nossas formas de expressão são universais, e chegou a esta conclusão. Povos isolados de comunicação em massa tinham as mesmas expressões que nós temos diante dos mesmos eventos. Ou seja, é uma linguagem universal.

Posição da cabeça: um palestrante que olha muito para baixo pode estar nervoso, um ouvinte que deita a cabeça ou olha para o chão pode estar desinteressado, a pessoa que faz levemente um sim está concordando, enquanto a virada para direita e esquerda quer dizer que não concorda.

Occulesics: a forma como os olhos se comportam durante a comunicação. A forma de olhar pode mostrar raiva, ansiedade, culpa, interesse. Quando meio cerrados, significam atenção, se estão para baixo, vergonha. Virar os olhos quer dizer que não se importa e não gosta do que ouviu.

Sobrancelhas, testa e boca também acentuam as expressões, como espanto, medo ou raiva.

A postura corporal de braços e pernas e inclinações corporais foram estudados por John Mole, consultor de comunicação:

Modos básicos de linguagem corporal

Membros: braços e pernas, abertos e fechados
Tronco: inclinação para frente e para trás

Abertos e para frente: Responsivo. Aceitação ativa, prontidão a concordar, engajado, ansioso.
Abertos e para trás: Reflexivo. Receptividade, está ouvindo, atenção, avaliação.

Fechados e para frente: Combativo. Resistência, raiva, "me deixe falar", agressividade, mentira.
Fechados e para trás: Fugitivo. Afastamento, defesa, chateação, refeição, "me deixe ir".

Para um atendimento em coaching, é necessário que você note a linguagem corporal do seu coachee. Assim, é possível que você redirecione a sessão de forma que ele vá mudando sua postura para o melhor aproveitamento da sessão.
Você também pode prestar atenção à sua própria postura:
- Preste atenção em suas expressões faciais, e sorria como forma de amenizar tensões, principalmente ao início e final das sessões. - Mantenha contato visual sincero.
- Use gestos para melhorar seu discurso com ele.
Quando estiver ouvindo:
- Use as posições Responsiva ou Reflexiva. Mostre ao cliente que está atento ao que ele está dizendo através de seu corpo e rosto, corrija sua postura para mostrar interesse.
- Descruze braços e pernas.
- Movimente levemente a cabeça, acompanhando o que está sendo dito.
- Mantenha contato visual e expressões faciais que indiquem que está prestando atenção.
Mesmo que o coachee, ou qualquer outra pessoa, não saiba exatamente sobre estas definições, elas são intuitivas. São percebidas e assimiladas a nível inconsciente. Corrigir e prestar atenção à sua linguagem corporal passará mais confiança.

Paralinguagem

A paralinguagem é a comunicação através do volume e entonação do discurso, além de velocidade e do uso de pausas e silêncios.

Note em crianças de qualquer idade. Se elas recebem broncas repetidas e gritadas, ou quando são chamadas em tom de voz alto, sem que sejam assustadas, elas tendem a não responder. Simplesmente ignoram o adulto. Para acessá-las, é preciso, além de toda uma linguagem corporal adequada, um tom de voz correto, na velocidade correta.

A maneira com que falamos as coisas dá significado a elas.

Quando damos bom dia a alguém no elevador e recebemos um bom dia de volta, estamos comunicando algo muito diferente de um chefe que faz questão de dizer bom dia para um funcionário atrasado. A situação diferente mudará o tom de voz, que mudará a mensagem. Como coaches, precisamos falar com clareza e manter um tom de voz num volume que transmita autoridade, um pouco mais pra alta do que pra baixa, numa tonalidade que mostre energia e atenção. Precisamos usar de pausas e silêncios e não falar muito rápido. Quando ouvintes, precisamos esclarecer as incertezas sobre a mensagem que o cliente quer passar. Se ele parece alterado ou muito morno com determinados assuntos, isso pode ser pontuado para ele, como: "veja sua empolgação ao falar deste assunto", ou "ouça no seu tom de voz o desinteresse que você mostra nisso", por exemplo.

Proxêmica

A proxêmica é o tipo de comunicação em virtude do posicionamento dos corpos. As pessoas são inerentemente territoriais, e determinam marcações e limites invisíveis para reservar seu espaço de conforto ao conversar com o outro. Existe uma distância pré-determinada que guardamos de outras pessoas para que não nos sintamos invadidos. São chamadas de distâncias sociais aceitáveis e não aceitáveis.

Foram definidas distâncias baseadas em pesquisas de comportamento, que podem ser consideradas universais. Sempre devemos levar em conta a cultura, idade e ambiente, mas em geral, elas seguem este esquema:

Relacionamento íntimo – entre zero e 45 cm. São alguns familiares, crianças, seu cônjuge. Para estar confortável com alguém nesta distância, a pessoa precisa estar no seu círculo de relacionamentos íntimos.

Relacionamento pessoal – entre 45 cm a 1,2 m. São as pessoas com quem nos comunicamos em nível pessoal. Amigos, alguns colegas de trabalho ou clientes. É uma distância social que resguarda nosso conforto. Em festas e eventos ela é muito observada.

Relacionamento social – entre 1,2 m a 3,6 m. São pessoas que acabamos de conhecer, ou com quem estamos em situações profissionais mais formais, como reuniões e eventos.

Relacionamento público – entre 3,6 m a 7,5 m. Distância em situações de reuniões formais, entrevistas de emprego, palestrantes ou políticos em relação a seu público.

Então, aqui vão algumas dicas para sua comunicação proxêmica funcionar.

- Evite a invasão proxêmica. Se você é coach e está conhecendo seu cliente presencial pela primeira vez, espere que ele faça um movimento de aproximação. Como coach, sua função é adequar-se aos modos não verbais do cliente. Porém, caso você se incomode com uma possível proximidade de espaço, tome a iniciativa e estenda a mão para cumprimenta-lo, por exemplo, para evitar abraços.

- Leve em conta a idade, posição social e cultura do cliente. Asiáticos podem preferir um cumprimento à distância de Relacionamento Social, sem sequer tocarem em você. Um diretor mais velho pode oferecer um aperto de mão, sem beijinho social, mesmo que você seja mulher. Uma diretora mais jovem de uma empresa moderna pode te abraçar (e invadir seu espaço) antes de dizer o nome. Em palestras eu apresento fotos de pessoas com expressões faciais de incômodo e negativas, devido à aproximação exagerada dos outros, ou à tentativa delas mesmas de se aproximarem, sem na verdade desejarem fazer isso.

- Esteja atento à linguagem corporal. Quando atravessamos o limite espacial de conforto do outro, inconscientemente ele reage de alguma forma. Pode ser esquivando-se, ficando parado, fazendo alguma expressão facial, colocando um ou os dois braços entre vocês, etc.

Como coach, é preciso que você conheça seus limites e seus sinais. Se você for uma pessoa mais fechada e que gosta de mais distância, pode ter seus limites atravessados pelo cliente, e terá que lidar com isso. Da mesma forma, um cliente pode ser muito exagerado, e você pode, sutilmente, comunicar não verbalmente que prefere mais distância.

O interessante de conhecer tentar controlar em algum nível a comunicação não verbal é que podemos passar nossa mensagem sem ter que dizer nada.

Artefactual

É forma de expressão em que usamos artefatos. Cores, roupas, acessórios, cabelos, óculos, tudo o que vestimos, a forma como desejamos parecer para o mundo, é comunicação. Em uma foto, podemos avaliar algo, ou quase tudo, do que aquela pessoa deseja transmitir sobre ela mesma, sem que haja uma palavra.

Esse cuidado e análise são constantes em fotos publicitárias. Mesmo que não se esteja vendendo a roupa ou acessório, os significados da vestimenta e objetos são estudados para que a propaganda atinja o público desejado.

O ambiente também transmite algo sobre nós. A paisagem ao fundo da foto, as cores de móveis que escolhemos e a forma como decoramos nossos espaços.

Com seu cliente, você estará se comunicando na forma como se veste e no espaço em que o recebe. Se seu atendimento for online, cuidado com o pano de fundo, o que está atrás de você que ele pode ver. Existem formadores de coaches que aconselham montar um fundo para atendimento, ou deixar uma parede sem nada.

Combine as cores, objetos e o espaço em geral de acordo com o contexto. Considere que imagem você está projetando para seu cliente.

Em atendimentos online, já tive clientes que faziam a sessão no quarto bagunçado, ou com uma reforma acontecendo ao fundo (sem o barulho, claro). Vários eram interrompidos por seus filhos ou animais de estimação. Alguns falavam comigo de pijama. Como eu sou a coach, essas informações ajudavam a montar um pouco mais do perfil da pessoa. Mas imaginem se fosse o contrário? Se eu fosse atender com uma bagunça ao fundo, de pijama, com um cachorro latindo?

Háptica

A háptica é a forma de comunicação usada por pessoas e alguns animais através do toque. Um cutucão, um tapinha nas costas, um aperto no ombro, são todas formas de comunicação háptica e transmitem uma mensagem. O significado destas mensagens, porém, diferentemente das expressões faciais, depende da cultura, do contexto, do grau de intimidade com a pessoa, e da educação.
Existem cinco categorias de comunicação háptica:
1 – Funcional / Profissional
2 – Social / Educado
3 – Amistoso / Caloroso
4 – Amoroso / Íntimo
5 – Sexual / Estimulante
A forma de toque como esta comunicação ocorre vai estar ligada aos quesitos de cultura e situação geral, para que seja classificada.
Em atendimentos presenciais, sua comunicação háptica será a menor possível. Ao cumprimentar e despedir-se, e provavelmente só. Existem pessoas que tocam mãos e

braços de outras para chamar a atenção para o que estão falando, ou para convencê-los de seu ponto de vista. Se você faz isso, não faça durante a sessão. Seu coachee pode não ter este costume e estranhar ser tocado. Brasileiros, em geral, têm o hábito de tocar as pessoas, mas seu cliente pode não pertencer à maioria, então, policie seu hábito. Entendo que há pessoas que gostam tanto de tocar e abraçar, que podem se ofender caso você mantenha sua distância. Se conseguir, entre no hábito do seu coachee. Mas não deixe que ele invada seu espaço, se isso incomodar.

Em locais e relacionamentos profissionais:
- considere o contexto da situação
- considere diferenças de gênero e cultura
- considere riscos e implicações legais

Riscos da comunicação não verbal
Este tipo de comunicação pode ser mal interpretado muito facilmente. As mensagens podem ser ambíguas e sua decodificação, muito subjetiva, sem falar em diferenças culturais.
Com seu coachee, se algum gesto ou expressão mostrou desconforto ou algo que você ache importante comentar, retome o assunto que gerou a expressão e trabalhe um pouco mais sobre ele.
Durante os atendimentos, como temos anotações, ferramentas a preencher e tarefas a cobrar, é normal que não tenhamos atenção à comunicação não verbal do cliente. Mas passe a prestar mais atenção nisso. Uma

reação após um determinado assunto pode te dar uma boa dica que é ali que você deve, ou não deve, mexer.

Capítulo XVIII: Hierarquia das Necessidades

Abraham Maslow foi um psicólogo norte americano, falecido em 1970. Seu trabalho influenciou o desenvolvimento da psicologia humanista. Sua teoria Holístico-dinâmica é conhecida por diversos outros nomes, entre eles, Quarta força da personalidade e a Teoria das Necessidades.

Sua pirâmide de necessidades é muito conhecida entre psicólogos e administradores.

Sua teoria explica que o ser humano é constantemente motivado por algum tipo de necessidade, e que todos temos potencial para crescer em direção à saúde psicológica, ou seja, a Autoatualização.

Motivação

Maslow afirma que os homens se motivam por completo, ou seja, a motivação não age sobre alguns aspectos do ser humano, mas sobre todos. Ao nos motivarmos, nossas formas de pensar, sentir e agir se modificam.

Isso é bastante perceptível em um processo de coaching. O cliente muda toda sua disposição para realizar, e suas ideias tornam-se mais fluidas.

Maslow também entende que a motivação é um fenômeno multifacetado e complexo. Uma motivação pode ter necessidades diversas a suprir. A motivação para trocar de emprego, por exemplo, pode ter não só a necessidade financeira óbvia para suprir, mas também uma necessidade de novidade, de reconhecimento e aceitação social.

Estamos motivamos continuamente, e sempre que satisfazemos uma necessidade, ela perde seu poder motivacional. Então, substituímos por outra necessidade, que passa a nos motivar novamente.

Quando nossa necessidade por alimentação é satisfeita, buscamos por outras, como segurança, companhia, reconhecimento, etc.

Segundo Maslow, todos os seres humanos são motivados pelas mesmas necessidades básicas, e elas podem ser classificadas de forma hierárquica, ou seja, há uma sequência ordenada para que elas surjam em nossas vidas.

Necessidade Humanas
Todos temos necessidades, desde as mais orgânicas, como alimentação e sono, até as mais simbólicas, como reconhecimento e autoestima.

As necessidades fisiológicas precisam ser supridas, total ou parcialmente, para que necessidades de mais altos níveis possam surgir.

Maslow desenvolveu uma hierarquia de necessidades que apresenta cinco níveis. São as chamadas necessidades conativas, que motivam, que nos inquietam ou até nos adoecem quando não são satisfeitas.

1 – Necessidades Fisiológicas
2 – Necessidades de Segurança
3 – Necessidades de Amor e Pertencimento
4 – Necessidades de Estima
5 – Necessidades de Autoatualização

As necessidades primárias na hierarquia, como as fisiológicas, que constituem a base da pirâmide de Maslow, precisam ser satisfeitas primeiro, para que as seguintes sejam despertadas.

1 – Necessidades Fisiológicas
São as mais básicas, e englobam sono, alimentação, água, oxigênio, temperatura corporal, etc. São as mais preponderantes. Alguém com fome não consegue pensar em nada além da comida. Só poderá querer ou preocupar-se com outra coisa depois de comer. A camada de população que não tem essas necessidades supridas, vivem para estas necessidades, e seu objetivo de vida é buscar satisfaze-las.
As necessidades fisiológicas:
- podem ser saciadas. Após comer ou beber, por exemplo, elas somem imediatamente.
- são recorrentes. Em algum momento sentiremos fome e sono novamente.
Necessidades de outros níveis nem sempre são recorrentes ou podem ser totalmente satisfeitas.

2 – Necessidades de Segurança
São as que buscam segurança física, proteção contra doenças, desastres e violência, ou qualquer ameaça à integridade. Elas buscam lei, ordem e justiça como agentes de proteção. Querem afastar o medo e a ansiedade.
Ao contrário das fisiológicas, as necessidades de segurança não podem ser totalmente satisfeitas, pois ninguém está cem por cento seguro.

O que se busca é a sensação de estarmos suficientemente seguros na maior parte do tempo. Isso faz com que não demos muita importância a elas. Crianças têm essa necessidade mais motivada, têm medo do escuro, de estranhos e dos castigos dos adultos.

3 – Necessidades de Amor e Pertencimento
São os desejos de ter amigos, cônjuge, família, clube, vizinhança, nação. É a necessidade por contato humano, por amar e sentir-se amado.
Pessoas com necessidade de amor supridas desde a infância, tornam-se adultos confiantes e não se desesperam ao serem rejeitados. Sabem que são aceitos por aqueles de realmente importam.
Pessoas que não tiveram esta necessidade suprida acreditam que o amor sempre estará ausente, não conseguem dar amor e o desvalorizam.
Existem também aquelas pessoas que receberam pequenas doses de amor e pertencimento, por isso passam a vida carentes do que faltou, em busca de afeto e aceitação. Podem ter apego exagerado e repentino por pessoas recém conhecidas, por exemplo.

4 – Necessidades de Estima
São as necessidades de auto respeito, confiança, competência e de saber que é estimado pelos outros. Elas podem ser dividas em dois grupos:
- Reputação: está baseada em como alguém se sente percebido pelos outros. Refere-se a prestígio, reconhecimento e fama.

- Autoestima: está baseada em como o indivíduo se percebe. Refere-se a valor e confiança. Ela busca fortalecimento, conquista, competência e independência.

5 – Necessidades de Autoatualização
Nem todas as pessoas passam para a Autoatualização quando as necessidade de estima de satisfazem. Apenas as que abraçam valores como a verdade, a bondade, a beleza e a justiça acabam indo para este último nível.
Essas pessoas buscam se auto realizar, desenvolver seus potenciais ao máximo e dar vazão à sua criatividade. Maslow considera que estas pessoas tornam-se plenamente humanas. Desenvolvem um senso de independência que lhes permite desenvolver a autoestima mesmo frente a rejeição e desprezo.
Ao atingir este nível, elas não precisam mais satisfazer as necessidades dos níveis anteriores, com exceção às fisiológicas. Elas atingiram o ápice do desenvolvimento humano.

Maslow considerou que nas sociedades desenvolvidas:
- 85% das pessoas satisfazem suas necessidades fisiológicas
- 70% satisfazem as necessidades de segurança
- 50% satisfazem as necessidades de amor e pertencimento
- 40% satisfazem as necessidades de estima
- 10% chegam à autoatualização

Maslow afirmou que apenas 1% do americanos atingiu a autoatualização. Após estudar um grande número de pessoas, ele percebeu que os autoatualizadores são livres de doenças psíquicas, sem tendências a distúrbios psicológicos. Elas vêm satisfazendo as outras necessidades ao longo da vida, sentem-se seguras, amadas e com forte autoestima. Por isso, toleram frustrações com tranquilidade.

Estas pessoas são focadas nos valores do ser, como verdade, bondade, simplicidade, beleza, justiça e autonomia.

São valores que indicam saúde psicológica e que não há necessidades deficientes. Maslow chamou estes valores de Metanecessidades, pois representam o nível definitivo das necessidades. Não há outras necessidades acima destas.

Os autoatualizadores exploram por completo suas potencialidades, em busca constante de crescimento e desenvolvimento.

Outras necessidades
Além das mencionadas anteriormente, Maslow também distinguiu mais três tipos de necessidades:

- Necessidades Estéticas: não são universais, apenas algumas pessoas são motivadas pelo prazer estético. Elas buscam beleza e organização, e se não encontram, adoecem como se fosse uma necessidade básica não atendida.

- Necessidades Cognitivas: busca por conhecimento. Quando ela está em risco, todas as outras necessidades também estão, pois é necessário conhecimento para satisfazê-las. Pessoas psicologicamente saudáveis precisam conhecer mais e criar soluções. Mas muitas delas fazem isso pelo simples prazer de aprender, mesmo que nenhuma necessidade esteja em risco.

- Necessidades Neuróticas: levam à estagnação e ao adoecimento psíquico. Diferente das outras, elas não promovem o bem estar. São improdutivas e não estão no caminho da autoatualização. Elas surgem como uma forma de compensação para as necessidades básicas não satisfeitas. Por exemplo, pessoas que não tiveram a segurança satisfeita podem acumular dinheiro ou posses de forma exagerada. E isso não satisfaz sua necessidade, ela não some em decorrência do acúmulo.

Capítulo XIX: O valor é quem manda

Aproveitando o capítulo anterior sobre as necessidades básicas, vamos falar sobre valores. O ponto mais importante para se entender sobre valores é que eles regem nossa vida. Através de nossa postura, nossas escolhas e nossos sentimentos quando eles são validados ou feridos.

Valor é tudo aquilo que é importante para você, é inegociável e faz parte de sua essência. Ao perguntar para o coachee quais valores ele tem, ele pode responder sobre sentimentos e sobre coisas concretas, como dinheiro e filhos. Geralmente, as coisas concretas são valores meios, que servem de meio para se chegar a um valor fim. Se você perguntar a ele: "O que o dinheiro lhe dá?", ele pode responder: conforto, liberdade, segurança, confiança. Estes são os valores finais, é isso o que ele realmente busca, através do dinheiro.

Então, na sessão de valores, não se importe muito que seu coachee não siga uma lista, ou não tenha respostas prontas.

Uma vez, atendi uma coachee que disse que Deus é um valor para ela. Deus é um valor meio, o que a crença nele realmente traz? Então, ela começou a abrir um leque de valores importantes, como paz, esperança, segurança, determinação. Se eu dissesse que Deus não pode ser um valor, ou se deixasse sem explorar, não teria enriquecido a sessão com estas informações.

Os valores levam a estados emocionais. Quando temos forte o valor de responsabilidade, fazemos de tudo para honrá-lo. Eu posso sair no meio de um encontro agradável e inesperado com pessoa que não via há muitos anos, porque marquei de encontrar uma amiga que vejo sempre. Mas eu vou ao encontro dela, pois o é importante para meu valor de responsabilidade que eu honre com meu compromisso a qualquer preço. E eu vou me sentir muito tranquila em fazer isso. Mas supondo que eu não vá, e desmarque o encontro com ela. Se meu valor é forte, vou passar o tempo todo desconfortável por ter desmarcado, e nem poderei aproveitar o encontro que está acontecendo.

Ou seja, os valores regem nossa vida porque geram emoções que procuramos, ou que tentamos evitar.

Porém, existe uma hierarquia de valores. Você pode ter a responsabilidade como um valor forte, mas se o desejo de ser sociável for mais forte, você provavelmente deixará de ver sua amiga de sempre para ficar no encontro inesperado, e vai se sentir bem com isso.

Por isso, na sessão de valores pedimos ao cliente que classifique em ordem de importância. Seu talento na sessão será tentar confrontar estes valores em situações imaginárias, para entender se ele realmente classificou direito.

Usando nosso exemplo, ele pode ter colocado responsabilidade como mais importante que sociabilidade. E, se você fizer uma pergunta ilustrando a situação acima, vai provar para seu cliente que as importâncias estão trocadas.

Olhar uma lista com os dez principais valores listados em ordem de importância dá tanta informação sobre uma pessoa quanto um teste psicológico completo.

Conseguimos vislumbrar o cliente em diversas situações e suas reações a elas com quase nenhuma margem de erro.

Os valores e sua hierarquia determinam tudo em nossa vida. Vimos diversas teorias psicológicas que servem para explicar de onde eles vêm e porque estão na ordem que estão.

Mas tudo se resume a isso.

O problema é que, se seu coachee te procurou com alguma dificuldade, ela deve estar esbarrando em algum valor. Ele não consegue fazer o que precisa porque tem um valor que ele não quer ferir impedindo-o de fazer isso.

Ou seja, ele não quer ter uma emoção ruim ao ferir um valor. Essa emoção ruim, que causaria dor, entra na lista de valores repelentes.

Da mesma forma que existe os valores atraentes, que são os que queremos preservar, existem os repelentes. E há uma hierarquia neles também. Você prefere ser rejeitado por um grupo, ou frustrado em suas expectativas? Dependendo de sua resposta, podemos entender a maneira como toma decisões.

Isso mostra que os valores repelentes são tão importantes e influentes quando os atrativos. Eles mostram não só a forma como evitamos as situações, mas também a forma como nos sabotamos.

Vamos supor que poder seja um valor elevado para mim, entre os atraentes. E que a rejeição seja um dos que eu mais desejo evitar. E eu reclamo que, quando estou prestes a ter uma promoção, acabo sendo mal avaliada, não cumpro as metas e não passo nas entrevistas. Vou oferecer um milhão de justificativas para isso, culpando o mundo externo. O chefe estava de mau humor, o país

está em crise e as entrevistadoras do RH perguntaram coisas com intenção de me reprovar. Mas nós sabemos que isso, na verdade, se chama boicote. Tudo vai sempre bem, quando tem alguém avaliando, vai mal. Quantas vezes você já não ouviu histórias com situações assim?
Isso acontece porque, ao evitar a rejeição a qualquer custo, acabo pagando com a chance de ser promovida. Se eu não estiver disposta a ser rejeitada, como quero virar líder e ter poder, que é um valor importante pra mim? Ao mesmo tempo que este valor é importante, ao ouvir pessoas falando mal de seus chefes, o medo de rejeição também se instala. Como não estou disposta, faço de tudo, inconscientemente, para não me permitir ganhar a promoção.
Entre os atrativos e os repelentes, os repelentes vão vencer.
"As pessoas farão mais para evitar a dor que para alcançar o prazer". Tony Robbins

Voltando a pensar nas raízes dos valores, conforme vimos com a psicologia, elas podem ter inúmeras origens. Os valores foram instalando-se e ajustando-se e ordem de importância de acordo com experiências passadas e interpretadas por nós. Isso quer dizer que, por mais que você goste muito da sua lista de valores, ela não foi propositalmente projetada para ser mais feliz, ou para te trazer realização. Ela aconteceu.
Como coach, qual sua função em relação aos valores?
Fazer com seu coachee uma lista de valores ideais para a pessoa que ele precisa ser para alcançar seus objetivos. Discuta cada valor, acrescente e elimine com ele. Crie no papel uma lista nova. Mas cuidado para a lista nova não

conflitar em quase tudo com a lista original. Diante da necessidade de mudar muita coisa, as pessoas tendem a não mudar nada.

Definam a lista com perguntas:
- Como este valor me ajuda?
- O que eu ganho mantendo este valor?
- E o que eu perco?

Faça o mesmo para os valores repelentes. Mexer com eles é ainda mais importante. Negocie com o cliente quais ele pode rebaixar, manter. Ao evitarmos situações dolorosas podemos tanto perder oportunidades quanto ganhar respeito, por exemplo. Então, saiba que não existe tirar os valores repelentes e querer que o coachee não os tenha, ou que os enfrente o tempo todo. Escolha os principais.

Com uma lista definida, costumo passar para a prática com meus coachees. A lista foi feita por ele, alterada por ele, com a visão dele do que é melhor para ele (lembra da Gestalt-terapia?). Então não há muita margem para discussão do que é ou não necessário fazer.

Também não é em uma sessão que isso vai ser orientado. Sugiro que você, à parte, levante algumas ações e atitudes que julga necessária para seu coachee. Quando perguntar a ele o que é preciso fazer em primeiro lugar ou em que ponto começar e mexer, veja se está coerente com o que você escreveu sozinho sobre ele. Esta lista é só para te ajudar a lembrar todos os pontos que precisam ser trabalhados. E você deve fazer com ele chegue à conclusão do que precisa virar ação. Eventualmente, claro, você pode sugerir em forma de pergunta.

Uma cliente me disse que um de seus maiores problemas era não saber impor sua vontade aos outros. Fazia sempre o que alguém queria. Isso estava no caminho do objetivo final dela, que era ter uma loja de flores com uma sócia. Ela não só precisaria aprender a tomar decisões sozinha (porque o conforto de quem sempre se deixa pra trás é que os outros tomam as decisões), mas também teria que impor sua vontade em relação à sócia, em alguns momentos. Teria que aprender a discutir. E isso era terrível para ela. O namorado sabia do coaching e concordava com esta característica dela, acredita que ela tinha que mudar. Então sugeri em forma de pergunta: "Já que seu namorado está empenhado em te ajudar, não poderíamos começar com ele?".

Ela logo entendeu e disse que seria muito mais fácil pra ela começar com alguém mais íntimo e que soubesse que ela estava em treinamento para aprender a se impor. De forma confortável, ela começou a fazer escolhas. Contou que, em algumas ocasiões em que ele já estava acostumado a decidir, como irem à casa de amigos sem consulta-la antes, ele esquecia do exercício. Mas ela o lembrava, e exigia seu direito de escolha e opinião. Deixou de ser um teatrinho e passou a fazer parte do relacionamento deles. Depois que ela conseguiu estabelecer uma postura, mudamos de pessoa. As irmãs foram as próximas. E assim por diante, até que ela conseguisse gerar sinapses suficientes para reforçar o novo aprendizado. Claro que um trabalho minucioso foi feito, para que ela não virasse uma pessoa desagradável, e que soubesse ceder.

O importante é que seu plano prático com o coachee aconteça gradualmente, afinal, ele passou toda a vida com valores de que ele gosta, e repelindo outros a todo custo. Mudar isso demanda muito empenho dele, e delicadeza sua, para identificar os limites. Se extrapolá-los, seu coachee pode ir embora sem objetivos, e até pior do que quando começou.

Capítulo XX: Hábitos e Vícios físicos e emocionais

Hábitos são comportamentos que geramos, de acordo com um gosto ou necessidade que se apresenta para nós. E, depois de certo tempo ou número de vezes que fazemos algo, aquilo se torna um hábito. Ou seja, comportamentos que temos automaticamente, que ocorrem a partir de um anseio ou necessidade, ou gatilho. Por exemplo, um chocolate à tarde. Um dia você estava com vontade de um doce o meio do seu expediente de trabalho, e não tinha almoçado bem. Comprou e comeu um chocolate, logo após terminar uma planilha muito chata. Só é fã de doces de vez em quando, então fez só uma vez. Não instaurou hábito algum. Mas um outro dia, um colega, que viu você comer o chocolate aquele dia, te oferece um. Sua planilha está aberta, mais chata do que nunca. Você aceita, e come depois que termina a planilha. E ainda comenta com ele sobre a chatice daqueles dados, ele concorda, e vocês estabelecem um vínculo inocente de falar mal da planilha. No dia seguinte, você sabe que vai usar outra planilha, menos chata. Mas compra dois chocolates no almoço, um para você e outro para seu colega. Entrega o chocolate pra ele, que fica feliz. Come ao terminar a planilha. Conversa com ele. Você acaba de reforçar um comportamento, fazer ligação da planilha (desagradável, mas necessária), com o chocolate (agradável) e com o colega (agradável). Quando percebe, aquilo virou um ritual. À tarde, seu colega vai à sua mesa com um chocolate num dia, e você vai à mesa dele com um chocolate no outro. Vocês geram uma pausa após as planilhas chatas para comer chocolate e conversar. Estes momentos se tornam um prêmio, um reforço positivo após uma tarefa desagradável. Em poucas semanas, a compra do chocolate, a pausa e a conversa tornaram-se um hábito. Automaticamente, vocês dois entraram num mesmo comportamento que aplaca uma angústia leve de fazer um serviço chato. Se vocês começarem a engordar por causa disso, ou acharem que fica caro fazer essa concessão de chocolate todos os dias, terão um certo trabalho em parar de fazer isso. Vão tentar algumas vezes, voltar a fazer, trocar o chocolate por barrinha de cereal, voltar ao chocolate. Até que vão acabar encontrando um jeito de manter o hábito a qualquer custo. Se for por causa do peso, vão fazer dieta pra poder comer o chocolate depois. Se for por causa do custo, vão comer menos no almoço pra sobrar dinheiro. Algo na vida vai ser alterado em conformidade com o hábito, porque ele se tornou automático, necessário e importante. Afinal, é um momento o meio da tarde ao qual vocês, que trabalham tanto em coisas tão chatas, têm o direito de desfrutar. E começam a justificar o hábito.

Um chocolate à tarde, na maioria das vezes, não vai causar um problema sério em sua vida. Se a pausa e a interação com o colega trazem coisas boas, como ter um momento feliz pelo qual você anseia, e gerar um descanso para retomar as atividades com mais energia, ótimo. Foi um hábito que trouxe benefícios, como escovar os dentes ao acordar todos os dias.

O problema é quando o hábito atrapalha. Ou vai agregando mais elementos a ponto de atrapalhar. Vamos supor que você e seu colega comecem a tomar refrigerante junto com o chocolate. E que as pausas passem de 5 para 15 minutos. E que as conversas de vocês comecem a ficar muito engraçadas, a ponto dos outros ouvirem suas risadas no escritório. Pronto, você terá pelo menos três problemas com este hábito. Vai engordar, irritar as pessoas e talvez atrapalhar seu trabalho.

Então, você e seu colega resolvem deixar de fazer isso. De novo. Compram barrinhas de cereal e não conversam mais à tarde. Provavelmente, vão ficar mais estressados. Antes de terem o hábito, não havia prazer nem dor na planilha. Ela era só chatinha. Depois, na tentativa de remoção do hábito, a planilha se torna um monstro, um trabalho chato, inútil, maçante. O dia não passa e fica ainda mais chato ir trabalhar. Isso pode evoluir para muitas coisas piores, mas o que precisamos analisar é como parar com um hábito.

Um hábito é um comportamento, cheio de anseios e energia. Ele existe e se instala, e quando paramos com ele, deixamos um buraco. Como um vazio físico mesmo, que precisa ser preenchido.

No caso do chocolate, precisamos analisar se o anseio era pelo doce, pela pausa ou pela interação social. Se você me disser que o que mais gostava naqueles momentos era ter alguém pra conversar, vamos por este caminho. Parar totalmente de comer, dar a pausa e socializar vai, provavelmente, fracassar. Precisaremos pensar em como você poderia continuar conversando com seu amigo, de forma que não precisasse comer e nem ficar tanto tempo. Numa análise mais detalhada, podemos descobrir que há uma tarefa que vocês podem fazer juntos no trabalho. Se colocarmos esta tarefa mais ou menos no horário do chocolate, você poderá continuar socializando, sem comer chocolate, e sem passar tanto tempo em pausa, pois estará trabalhando. E mais (que daria outro assunto, até), seus colegas ouvirem vocês rindo numa pausa, comendo e bebendo, é completamente diferente de ouvirem suas risadas enquanto fazem uma tarefa. É antipático ver pessoas não fazendo nada durante o expediente, e ainda se divertindo. Mas ver pessoas se divertindo enquanto trabalham costuma ser muito simpático pra quase todo mundo.

O que precisa ficar claro com este exemplo bem simples é que não se tira um hábito. Não se exclui nada, não se deixa nada no vazio. Se você precisa se livrar de um hábito, precisa muda-lo, ou substituí-lo, e não simplesmente parar com ele. Senão, não terá sucesso. Ou, se tiver, é porque adquiriu outro hábito no lugar do primeiro, sem perceber. É, geralmente, o que ocorre com quem para de fumar, sem saber que precisa colocar algo no lugar do cigarro. A pessoa para e engorda. Pode até dizer que o sabor dos alimentos melhorou ao parar de fumar, o que é verdade. Mas se o ex fumante começar a anotar o que e quanto come, vai ver que o sabor nem importa. O que foi substituída foi a compulsão. Ao invés de levar um cigarro à boca, começa a levar alimentos, especialmente os portáteis, como chocolates, chicletes e balas. Sem saber, substituiu um hábito por outro.

Se seu coachee precisa se livrar de um hábito, você deve procurar com ele algo que possa substituir, e que tenha uma equivalência em certo nível. Entender o anseio real por trás do hábito. Em nosso exemplo, o hábito parece ter começado com o chocolate, mas na verdade ele só se consolidou com a interação social. Se este era o anseio, vamos satisfazê-lo na medida do possível, e trocar as circunstâncias para ter um resultado melhor.

Vícios

Os hábitos podem tornar-se vícios. A diferença é que o vício, quando não satisfeito, impulsiona a pessoa a qualquer atitude para satisfazê-lo.

Você tem o hábito de beber cerveja na praia ensolarada, no quiosque com amigos no feriado, e faz isso todo feriado. No feriado que chove, por exemplo, vocês não vão. Assim que abre o tempo, porém, vocês descem correndo. Isso é um hábito.

Mas um alcoólatra, por exemplo, está pouco ligando se está na praia, se está chovendo, se tem amigos. A adição ao álcool não precisa (mais) de todo um entorno para gerar o anseio. Ela, por si só, impulsiona a pessoa a beber. É provável que, no começo, a pessoa tenha gerado um hábito de beber em determinadas ocasiões, com outras variáveis, tão inocente quanto qualquer um que bebe na festa. Mas, com o tempo e a disposição ao vício, tornou o ato de beber uma doença.

Assim ocorre com qualquer outra droga. Alguns não passam do hábito, outros nem chegam a ele, e outros passam ao vício. Esta "seleção" ainda é um ponto em estudo, pois podem existir predisposições biológicas e genéticas envolvidas.

Mas o fato é que o vício sempre se relaciona com alteração química. Tudo o que ingerimos realiza esta alteração em algum nível, mas no caso das chamadas drogas, as alterações levam à dependência física e psíquica.

Então, além do hábito em si a perder, a pessoa precisa lutar contra a necessidade química que gera o anseio dentro dela. Deixar uma dependência química é difícil e demorado, mas conta com uma série de tratamentos, grupos de apoio e medicamentos.

Pela complexidade, não é recomendável fazer coaching com um dependente químico sem tratamento. Enquanto ele ainda for dominado pela adição, pouco poderá fazer em relação a outros objetivos, pois cessar seu anseio pela droga sempre terá prioridade. Já um dependente em tratamento pode se revelar um ótimo coachee. Quanto mais tempo longe da substância ele estiver, mais condições de sucesso no coaching ele vai ter, até em relação a pessoas que nunca foram dependentes.

Conseguir controlar uma adição é uma jornada que demanda vários recursos mentais ao mesmo tempo. Uma vez que a pessoa chega a um controle satisfatório (total não, porque ninguém tem), ela já travou uma briga interna profunda. Passar a realizar algo no coaching, por exemplo, será, senão mais fácil, no mínimo, mais leve.

Vício em sofrer

Como explicado, os vícios, ou mesmo hábitos, se estabelecem pelo prêmio psíquico e físico. Tanto há a satisfação química quanto o alívio do anseio.

Porém, após acompanhar pesquisas de pessoas viciadas em jogos, podemos notar que o vício está além de ingerir ou usar algo efetivamente. As substâncias liberadas no sangue no momento em que a roleta gira, as cartas se mostram, ou seu número está para sair, são equivalentes em essência e quantidade às liberadas no uso efetivo de drogas, assim como afetam as mesmas partes do cérebro. O jogo é considerado e tratado como vício, mas sem o uso de substâncias externas. A situação faz com que o corpo as gere sozinho.

Assim como temos o vício em jogos como uma doença, uma adição que precisa de tratamento e acompanhamento, podemos dizer que existem pessoas viciadas em sofrer. E o sofrimento pode ser entendido como uma gama de comportamentos destrutivos, que se apresentam de diferentes formas.

Em exagero, o ciúmes, a vitimização, a agressividade, a raiva, podem tornar a pessoa viciada. E como em todo bom hábito nocivo, a pessoa tem uma lista de acontecimentos e situações para defender sua posição ciumenta, de vítima ou agressiva. Elas justificam com motivos externos as razões para serem assim, parecendo ter até um prazer mórbido em provar aos outros o quanto ela é provocada.

Isso é muito comum de se ver em consultórios, mas no coaching isso aparece também frequentemente. A pessoa não quer se tratar, não quer melhorar, ela quer que um profissional gabaritado dê um certificado a ela de que o mundo é injusto e provocativo.

Um coachee assim vai sair do foco, do objetivo final, em toda a sessão que ele puder, para contar a você o quanto ele só se dá mal, o quanto as pessoas não o valorizam, o quanto as situações de azar que ele vive são impressionantes. Ele vai querer te convencer de que está tentando, que está procurando ajuda, e que as pessoas da vida dele não ajudam, só atrapalham. Ele quer mais validar o quanto ele é coitado, ou o quanto está com a razão, do que sair em busca do que precisa. Porque está viciado em ser assim.

E se você pensa que porque trabalha com carreira, alguns assuntos não vão surgir, está muito enganado. Seja qual for o seu nicho de atendimento, você vai acabar esbarrando nestes comportamentos viciados, mais cedo ou mais tarde.

Um coachee que queria trocar de emprego usava toda a sua energia para "anotar" e me contar depois o quanto o seu chefe era um idiota. Ao invés de focar na mudança que precisava fazer, ele tinha aquele prazer mórbido em me convencer de que aquele homem era o demônio e transformava a empresa em um inferno. É muito provável, 90% provável, de que o chefe fosse exatamente como ele estava me dizendo, e que toda a equipe e a empresa, em última instância, sofressem com ele. Mas se o coaching era para trocar de emprego e sair deste "inferno", o que importava em nosso processo que eu fosse convencida do quão ruim era aquele gestor?

Outros clientes têm vícios em preocupação, em pessimismo, em complexo de inferioridade. Se você não estiver atento, eles passarão todas as sessões tentando te convencer do quanto tudo é difícil, ou pedindo que você valide o valor deles, fazendo com que o trabalho perca o foco.

Quando notar que o coachee fica fixado em algum destes pontos, mesmo que só perturbado por eles, pode pontuar. Pode dizer a ele que está dando muita ênfase em um aspecto que não vai dar frutos, não vai ajudar na busca do objetivo que ele está ali para conseguir. Devolva para ele com as mesmas palavras, se possível, para que ele possa se ouvir.

Existem clientes de todos os tipos, mas é importante mostrar a todos que, a partir do momento que entram em um processo de coaching, precisam aprender, com a sua ajuda também, a deixar certas coisas de lado para que os progressos possam acontecer.

Sua missão como coach não é resolver todas as questões do cliente, mas fazer com que ele lide com elas da melhor forma que puder, em relação ao objetivo final que veio trabalhar.

Capítulo XXI: Considerações Finais

A intenção era dar um pouco de teoria psicológica para auxiliar seu atendimento em coaching, e não me aprofundar em linguagem técnica, nem formar um novo terapeuta em alguma das linhas abordadas.

Fomos salpicando o livro com teorias clássicas, primordiais, e depois abrindo um pouco o leque para abordagens mais modernas. A escolha destas abordagens, já que existem inúmeras, foi proposital, com o intuito de trazer mais riqueza e mais utilidade deste livro ao atendimento específico em coaching, e não fazer um resumo geral com os principais nomes da área.

Meu desejo é que o profissional de coaching que não é psicólogo possa estar em igualdade de conhecimentos relacionados a esta prática comportamental, em relação a um psicólogo, quando falamos em coaching.

Espero que você tenha tido bons insights e boas experiências ao entrar um pouco mais no mundo da psicologia, e que muitas cortinas tenham sido abertas em sua percepção da área, mas principalmente, em relação ao indivíduo que você está atendendo.

Não é necessário aplicar conhecimentos psicanalíticos, interpretar sonhos, avaliar perfis, pontuar comportamentos. É necessário apenas que você tenha uma visão geral dos conceitos de psicanálise, da importância dos sonhos, das diferenças entre perfis, das motivações dos comportamentos. Para que você sempre separe seus conteúdos dos conteúdos dos clientes, para que nunca imponha sua opinião, para que o direcione em seu próprio caminho, porque, como vimos, cada pessoa sabe o que é melhor para si. Nosso trabalho como coaches é mostrar a ela o que ela não está vendo, nunca o que nós queremos que ela veja.

Ao contrário dos psicólogos clínicos, não temos tempo ilimitado. Temos apenas de dez a doze sessões para fazer o coachee perceber necessidades de atitude. Temos de dez a doze horas com ele para promover uma mudança que pode alterar todos os aspectos de sua vida. Usar este tempo com responsabilidade e produtividade é nosso desafio. E eu espero, de verdade, ter te ajudado a otimizar este tempo precioso com o ser único que você está atendendo. E que você faça na vida dele a diferença que ele precisa. Sucesso!

[185]

Referências

BECK, Judith S. et al. *Terapia Cognitivo-comportamental: Teoria e Prática*. São Paulo: Artmed, 2013. 414 p.

BREUS, Michael. *O poder do quando*. São Paulo: Fontanar, 2017. 388 p.

CAIBALION: Estudo da Filosofia Hermética do Antigo Egito e da Grécia. São Paulo: Pensamento, 1978. 128 p.

CUNHA, Jurema Alcides. *Psicodiagnóstico-R*. Porto Alegre: Artes Médicas, 1993

EKMAN, Paul; SZLAK, Carlos. *A Linguagem das Emoções*. Lisboa: LeYa, 2011. 288p.

FREUD, Sigmund. *A interpretação dos Sonhos, Volumes 1 e 2*. Rio de Janeiro: Imago, 1987. 322 p.

HERCULANO-HOUZEL, Suzana. *O cérebro nosso de cada dia: descobertas da neurociência sobre a vida cotidiana*. Rio de Janeiro: Vieira e Lent, 2002. 206 p.

JUNG, Carl Gustav. *O homem e seus símbolos*. Rio de Janeiro: Nova Fronteira, 2008. 448 p.

JUNG, Carl Gustav. *Os arquétipos e o inconsciente coletivo*. Rio de Janeiro: Vozes, 2011. 456 p.

JUNG, Carl Gustav. *Tipos psicológicos*. Rio de Janeiro: Vozes, 2013. 616 p.

MASLOW, Abraham H. *A Theory of Human Motivation*. Eastford: Martino Fine Books, 2013. 22p.

PERLS, Frederick; HEFFERLINE, Ralph; GOODMAN, Paul. *Gestalt-terapia*. São Paulo: Summus, 1998. 272 p.

ROBBINS, Anthony. *Desperte seu gigante interior: como assumir o controle de tudo em sua vida*. Rio de Janeiro: Best Seller, 2015. 637 p.

WIEL, Pierre; TOMPAKOW, Roland. *O Corpo Fala*. Rio de Janeiro: Vozes, 2015. 288p.